Arabisch kochen

Die Autoren

Magdi Gohary, geboren 1941 in El Mansoura/Ägypten; Studium der Technischen Chemie; langjährige Tätigkeit als Chemiker; von 1978 bis 1982 Mitglied des Bundesvorstandes der Anti-Apartheid-Bewegung; arbeitet in der chemischen Industrie und lebt in München.

Christine Gohary, geboren 1947 in Hamburg; Studium der Germanistik, Geschichte und Politik; arbeitete als freie Journalistin, war von 1988 bis 1994 Pressereferentin der Münchener Biennale; lebt als Autorin in München. Zahlreiche Publikationen.

Brahim Lagunaoui, geboren 1960 in Amizmiz/Marokko; wirkte als Tänzer und Artist und war in der Landwirtschaft tätig; langjährige Zusammenarbeit mit dem Traumtheater Salomé; lebt in Oberwöllstadt.

Magdi und Christine Gohary
Brahim Lagunaoui

◆

Arabisch kochen

Gerichte und ihre Geschichte

◆

Verlag Die Werkstatt · Edition diá

CIP-Titelaufnahme der Deutschen Bibliothek

Gohary, Magdi:
Arabisch kochen : Gerichte und ihre Geschichte / Magdi und Christine Gohary ; Brahim Lagunaoui. - Göttingen : Verl. Die Werkstatt ; Berlin : Ed. diá, 1998
ISBN 3-89533-214-3

1 2 3 2001 2000 1999 1998

Dieses Buch erscheint in der Reihe »Gerichte und ihre Geschichte« im Verlag Die Werkstatt, Göttingen.

Umschlag unter Verwendung einer Fotografie von Beate Engelbrecht und Judith Schuler
Fotografien: Magdi und Christine Gohary, München (Seite 64a unten); Beate Engelbrecht, Göttingen, und Judith Schuler, Wasserburg (übrige Seiten)
Gesamtherstellung: Verlag Die Werkstatt, Lotzestraße 24a, 37083 Göttingen
Druck und Bindung: Westermann Druck, Zwickau

ISBN 3-89533-214-3

Inhalt

Arabische Gastlichkeit

Ahlan wa Sahlan

In einem arabischen Haus wird der Gast mit *Ahlan wa Sahlan* begrüßt. Dieses »Willkommen« ist weit mehr als eine höfliche Floskel. Die orientalische Gastfreundschaft ist von einer überwältigenden Großzügigkeit und Herzlichkeit. *Ahlan, Ahlan* heißt es immer wieder während eines Besuchs und soll dem Gast zeigen, welche Freude der Gastgeber über seine Gegenwart empfindet.

Kaum hat der Besucher Platz genommen, wird er mit Kaffee, Tee oder kühlen Getränken bewirtet. Ganz gleich zu welcher Tageszeit, die Frau des Hauses wird in der Küche verschwinden und etwas zu essen zubereiten. Wenig später wird sie mit süßen Backwaren oder würzigen Vorspeisen aufwarten, vielleicht auch mit Früchten – immer wird der Gast mit einer Aufmerksamkeit bedacht.

Reichhaltig und köstlich ist der Tisch gedeckt, wenn man zum Essen eingeladen ist. Eine arabische Hausfrau setzt ihren ganzen Ehrgeiz daran, viele verschiedene Speisen in üppigen Mengen anzubieten. In einer arabischen Familie ist es beispielsweise undenkbar, für sechs Personen sechs Stücke Fleisch mit Gemüse und Kartoffeln vorzubereiten; solche Zuteilungen gelten als peinlich und unmöglich. Der Tisch ist überladen mit verschiedenen Gerichten, neben Vorspeisen und Salaten gibt es Huhn, gefülltes Gemüse, Lammkoteletts, *Kofta* und *Moussaka,* und von allem so viel, daß mindestens die Hälfte wieder in die Küche getragen wird. Doch nichts wird umkommen: Nachbarn, Freunde oder Verwandte werden vorbeischauen und dafür sorgen, daß keine Reste bleiben.

So kann man fast zu jeder Tages- oder Nachtzeit erscheinen und sicher sein, etwas Gutes vorgesetzt zu bekommen. Keine Küche, in der nicht ständig zahlreiche Speisen darauf warten, aufgewärmt zu werden. Natürlich ist die Üppigkeit der Gerichte von den finanziellen Möglichkeiten abhängig, aber jeder arabische Gastgeber wird sein letztes Huhn schlachten, um seinen Gast würdig zu bewirten.

In den Städten, und besonders in der Mittel- und Oberschicht, haben sich die Eßgewohnheiten seit langem europäisiert. So werden die Frauen der Familie selbstverständlich mit am Tisch sitzen. Auf dem Land hingegen sind die Sitten noch strenger. Wenn dort ein Gast zum Essen eingeladen ist, werden die Frauen nur erscheinen, um das Essen zu servieren, nicht aber, um an der Mahlzeit teilzunehmen. In solch traditioneller Umgebung ist es auch innerhalb einer Großfamilie üblich, daß Männer und Frauen getrennt essen. Bei festlichen Gelegenheiten wie Hochzeiten ist es in ländlichen Gegenden noch vielfach Brauch, daß Frauen und Männer in getrennten Räumen feiern.

In arabischen Ländern werden Touristen häufig erleben, daß sie ins Haus gebeten werden. Auch wenn weibliche Gäste unter ihnen sind, bleiben die Frauen der Familie meist unsichtbar. Für die Besucherinnen ist es jedoch nicht schwer, Kontakt aufzunehmen. Sie werden offen und äußerst freundlich aufgenommen, wenn sie zu den Frauen des Hauses gehen und sich zu ihnen setzen. Auch ohne Sprachkenntnisse ist es leicht, sich zu verständigen.

Auf dem Land ist es manchmal noch heute üblich, während des Essens auf Teppichen auf dem Boden zu sitzen. Mehr und mehr nimmt man aber auf Bänken mit Sitzkissen um einen niedrigen Tisch herum Platz. Sind die Lebensumstände sehr einfach, wird aus einer Schüssel gegessen, oft mit den Händen. Man tunkt Brotstückchen in das Essen oder formt – wie es Tradition bei den Beduinen ist – kleine Reisbällchen, in die Gemüse und Fleisch eingerollt werden. Aus dieser Art zu essen ist die Sitte entstanden, sich vor und nach einer Mahlzeit die Hände zu waschen, ob in privatem Rahmen oder in einem Restaurant.

Die Gastfreundschaft, die sich auf dem Land und in der Stadt gleichermaßen erhalten hat, wurde von Generation zu Generation überliefert. Sie stammt aus vorislamischer Zeit und entwickelte sich bei den Beduinen der arabischen Halbinsel. Im harten Wüstenklima mit seiner kargen Vegetation war es überlebensnotwendig, einen Reisenden aufzunehmen und zu beköstigen. Im Islam fand diese Tradition Aufnahme und religiöse Verankerung: Der Koran fordert die Gläubigen dazu auf, sich gegen Fremde großzügig und gastfreundlich zu verhalten. Dieses religiöse Gebot ist zu einer lebendigen Tradition geworden. *Bismillah,* »im Namen Gottes«, heißt es bei Gläubigen zu Beginn einer Mahlzeit, und eine Hausfrau lobt man mit *Tislam ideki,* »Gott segne deine Hände«.

Restaurants und Kaffeehauser, Bazare und Märkte

Die Hauptmahlzeit nehmen die Araber am liebsten zu Hause mit ihrer Familie ein, doch hat das moderne Leben und Arbeiten, vor allem in der Stadt, mit sich gebracht, daß sie außerhalb essen müssen. Nur wenige können sich ein Restaurant leisten, auch wenn es einfach und billig ist. Viele Restaurants haben einen Raum für Männer und einen für Familien, in dem auch Frauen allein essen können.

Die meisten Arbeitenden nehmen um die Mittagszeit nur schnell einen Imbiß an einem der zahlreichen Straßenstände ein, die überall anzutreffen sind: an den Hauptverkehrsstraßen, an Busbahnhöfen, auf Märkten und Bazaren. Hier wird dem Hungrigen angeboten, was er in einer Schüssel oder aus der Hand essen kann: Fleischspieße, *Foul,* Falafel oder *Tagine.*

In arabischen Kaffeehäusern werden die Getränke – Kaffee, Tee oder Limonade – auf kleinsten Tischen serviert. Zu essen gibt es nichts, es sei denn, man holt sich etwas von einem benachbarten Imbißstand. Natürlich werden Wasserpfeifen geraucht, mit denen es sich die ausschließlich männlichen Gäste über Stunden bequem machen. Für sie ist das Kaffeehaus weit mehr als ein Ort, an dem sie eine Erfrischung zu sich nehmen. Es ist ein Treffpunkt, an dem Privates und Politisches diskutiert, Karten, Domino und Tawla gespielt und vor allem Geschäfte abgeschlossen werden. Das Kaffeehaus ist nach wie vor eine Domäne der Männer. Mittlerweile existieren in größeren Städten aber auch westlich ausgestattete Cafés, in denen sich Familien und Frauen treffen. Hier werden köstliches arabisches Gebäck, Kuchen und Torten angeboten.

Winzige, oft wunderschön gekachelte Kaffee- oder Teeküchen gehören zum Bild der Bazare, *Suqs* und ländlichen Märkte. Auf einer Petroleum- oder Propangasflamme siedet Tee in kupfernen Kesseln, kocht süßer Kaffee in kleinen Stielkännchen. Kleine Jungs mit Tabletts voller Gläser und Tassen versorgen die umliegenden Läden mit Erfrischungen. Ein Kauf wird gerne mit einem Schluck Tee oder Kaffee besiegelt – eine Sitte, die nicht etwa für Touristen erfunden wurde, sondern zu den alten Gepflogenheiten zählt.

Die Bazare mit ihrer lebendigen Geschäftigkeit sind von alters her wichtige Handels- und Einkaufszentren, die mitunter ein ganzes Stadtviertel einnehmen. Die engen Gassen sind oft mit Gewölben überdacht oder mit Planen bedeckt, so daß sie auch in der Sommerhitze eine angenehme Temperatur bewahren. Sie sind nach Waren und Handwerken unterteilt: Es gibt die Gasse der Kupfer-, der Silber- und der Goldschmiede, der Tuchhändler, der Holzschnitzer, der Glasbläser, der Gewürzhändler. Dicht an dicht liegen die kleinen Läden oder Werkstätten, in denen der Passant den Handwerkern bei ihren kunstfertigen Arbeiten zuschauen kann. Sämtliche Dinge des täglichen Bedarfs werden auf den Bazaren angeboten. Es duftet nach Gewürzen, die in großen Mengen farbenprächtig und liebevoll angeordnet sind. Blüten- und Früchtetees, Nüsse, Mandeln, Obst und Gemüse reihen sich in Körben und Säcken aneinander.

Die ländlichen Märkte stehen den großen städtischen Bazaren an Atmosphäre in nichts nach. Vor allem die Wochenmärkte sind für die Bauern der Umgebung ein Treffpunkt, an dem nicht nur Waren, sondern auch Neuigkeiten ausgetauscht werden. Die Menschen kommen schon früh am

Morgen von weit her, mit Eselskarren oder winzigen dreirädrigen Transportern, hochbeladen mit Gütern. In den einfachen Restaurants am Rande der Märkte herrscht Hochbetrieb, die Menschen sitzen unter schattigen Zeltplanen auf wackligen Stühlen oder Matten und erholen sich bei Kaffee und Tee oder einem Teller mit warmem Essen. Ob auf dem Land oder in der Stadt, die Bazare und Märkte sind eine der Hauptattraktionen für Touristen. Ihre Lebendigkeit, Fülle und Farbenpracht sind zu einem Inbegriff des Orients geworden.

Die Rolle der Religion

In den arabischen Ländern ist der Glaube in einer viel tieferen und gleichzeitig alltäglicheren Weise lebendig als bei uns. Er durchdringt die Kultur seit Jahrhunderten. Neben vielen einzelnen Geboten des Korans, die genaue Anweisungen für den Alltag geben, ruht das religiöse Leben der Muslime auf den »fünf Säulen« als den wichtigsten Glaubensinhalten des Islam.

Der Islam als Weltreligion hat sich im Laufe der letzten tausend Jahre in unterschiedlichen kulturellen Traditionen weiterentwickelt und ist heute von Marokko bis Indonesien, von Kasachstan bis Mittelafrika anzutreffen. Die Lehre wird verschieden interpretiert: Religiöse Praktiken, die Organisation der Gemeinschaft der Gläubigen und das Dogma selbst werden unterschiedlich verstanden und mit den jeweiligen örtlichen Gebräuchen präislamischer Prägung vermischt.

Der Koran

Das Wort *Islam* bedeutet »Hingabe an Gott«. Oberstes Gebot ist das Glaubensbekenntnis, die *Schahada: La illaha ila allah wa Muhammad rasula allah* – Es gibt keinen Gott außer Gott, und Mohammed ist sein Prophet. Mit dieser ersten Sure des Koran wird die Zugehörigkeit zur Glaubensgemeinschaft ausgedrückt. Wer sie mit innerer Anteilnahme und Verständnis ausspricht, hat sich damit zum Islam bekannt. Fünfmal am Tag schallt die Sure von den Minaretten der Moscheen. Der Muezzin ruft mit ihr die Gläubigen zum Gebet, das sie mit dem Gesicht nach Mekka verrichten. Diese Gebete einzuhalten, ist das zweite Gebot des Islam.

Die dritte Verpflichtung besagt, daß jeder Gläubige ein Zehntel seines Einkommens den Armen zu geben hat. Die Almosen werden zu verschiedenen Anlässen verteilt, an allen Feiertagen und besonders im Ramadan, dem Fastenmonat, in dem reiche und bekannte Persönlichkeiten Speisen für die Bedürftigen stiften. Vor den Moscheen werden Tische aufgebaut, an denen sie meist großzügig bewirtet werden. Für viele Arme ist es die einzige Zeit im Jahr, in der sie mit Sicherheit ein gedeckter Tisch erwartet.

Opferfest

Die vierte Regel des Islam schreibt die Pilgerfahrt nach Mekka vor, die *Haddsch* genannt wird. Sie findet einmal im Jahr statt und führt Muslime aus aller Welt zusammen, jeder Gläubige muß sie mindestens einmal in seinem Leben unternommen haben. Am zehnten Tag des Pilgermonats wird das Große Fest *A'id el adha* gefeiert, an dem im Gedenken an das Opfer Abrahams Hammel geschlachtet werden. Wer immer es sich leisten kann, kommt diesem Gebot nach.

Noch heute werden in den Wochen vor dem Opferfest in vielen Orten Schafe durch die Straßen getrieben. Vor dem Fest steigt der Preis eines lebenden Hammels merklich an, besonders in den Städten, wo die Nachfrage das Angebot bei weitem übertrifft. So werden die Tiere oft einige Wochen vorher gekauft, wenn die Preise noch bezahlbar sind, und auf dem Balkon gehalten. Der Chor ihres vielstimmigen Blökens hallt durch die Orte, bis am frühen Morgen des Festes der Schlachter seinen Ruf *gazaar* erschallen läßt, mit dem er seine Dienste anbietet. Nach islamischem Brauch schlachtet er die Schafe und teilt sie in drei Stücke auf. Ein Drittel erhalten die Armen, ein weiteres die Verwandten und Nachbarn, der Rest ist für die Familie. Das Opferfest dauert vier Tage, und die Familienmitglieder reisen von weit her an, um gemeinsam zu feiern. Die Tische sind – wie sollte es anders sein – voll mit besonders üppigen und köstlichen Speisen, unter denen das Hammelgericht nur eines von vielen ist. Auf welche Art der Hammel zubereitet wird, ist unterschiedlich: In manchen Ländern wird er ganz am Spieß gebraten, in anderen zerteilt und zum Beispiel als *Fatta* zubereitet.

Die Familien, die sich keinen Hammel leisten können, opfern ein anderes männliches Tier, etwa einen Ziegenbock oder einen Hahn. Nachdem das Tier auf rituelle Art getötet worden ist, wird es enthäutet oder gerupft und am selben Tag gegessen. Die Innereien – zuerst die Eingeweide, die Leber, das Herz und zuletzt die Lungen – werden sorgfältig gereinigt, am Spieß gegrillt und als Delikatesse serviert.

Einen Anlaß zum Feiern bietet auch die Rückkehr von einer Pilgerfahrt. Früher wurden diese Fahrten in einer Gruppe zu Fuß unternommen – ein Unterfangen von ein bis zwei Jahren. Heute reisen die Pilger in ihren traditionellen weißen Gewändern mit Chartermaschinen, die speziell für die *Haddsch* eingesetzt werden. Auf dem Hinflug nimmt mancher Gläubige große Mengen an Nahrungsmitteln mit, die in Mekka während der Pilgerzeit unerschwinglich sind. Auf dem Rückweg ist er beladen mit Geschenken für die Verwandtschaft. Mit einem Festzug aus bändergeschmückten, ständig hupenden und mit jubelnden Leuten überladenen Autos und Lastwagen wird der Pilger vom Flughafen nach Hause geleitet. Das Fest anläßlich der *Haddsch* dauert sieben Tage.

Fasten

Die fünfte religiöse Regel des Islam verlangt das Einhalten des Fastens im Ramadan, der mit dem Neumond beginnt und gemäß dem islamischen Mondkalender rund um das Jahr wandert. Zwischen Sonnenauf- und Sonnenuntergang müssen die Gläubigen sich in Selbstbeherrschung üben, dürfen weder essen noch trinken, weder rauchen noch schlecht über andere reden. Oft liegen zwölf oder mehr Stunden zwischen Fastenbeginn, *sohour*, und Fastenbrechen, *futour*, das von Kanonenschüssen angekündigt wird. Nach den Worten des Koran müssen die Gläubigen auf Essen und Trinken bis zu dem Moment verzichten, »wo man einen weißen von einem schwarzen Faden nicht mehr unterscheiden kann«.

Kranke und Reisende können von der Pflicht zum Fasten befreit werden, müssen es aber nachholen. Die Büros sind meist nur bis vierzehn Uhr geöffnet, das Arbeitstempo verlangsamt sich, und wichtige Entscheidungen werden auf die Zeit »nach dem Ramadan« vertagt. Kurz vor Sonnenuntergang sind die Straßen menschenleer. In den Häusern sind die Tische gedeckt und die Radios eingeschaltet, man wartet auf den Kanonenschuß oder den Ruf zum Gebet, mit dem der Muezzin das Ende des Fastens ankündigt. Sogleich wird mit dem Essen begonnen, das in diesem Monat besonders reichhaltig und phantasievoll ist. Häufig wird ein üppiges Mahl aufgetischt, das bis spät in die Nacht dauert. Die Frauen verbringen oft mehrere Stunden am Tag mit der Vorbereitung. Die Sitte, nach Sonnenuntergang üppiger zu speisen als sonst, entspricht allerdings nicht dem ursprünglichen Sinn des Islam. Fromme Muslime essen in der Fastenzeit tatsächlich weniger und ernähren sich von Früchtetees, einer dünnen Suppe sowie Datteln. Eine leichte Mahlzeit nehmen sie auch kurz vor Sonnenaufgang zu sich.

Der Islam prägt während des Ramadan das tägliche Leben mehr als sonst, in weltlicher wie geistiger Hinsicht. Mit dem Fasten beweisen die Menschen ihre Gläubigkeit und üben sich in jener Mäßigung und Selbstdisziplin, die von einem wahren Moslem erwartet wird. Nach Sonnenuntergang hingegen wird all das nachgeholt, was man am Tag entbehrt hat. Die Nacht wird zum Tag, die Menschen sind gesellig, in den Straßen geht es lebhaft zu, und erst spät in der Nacht kehrt Ruhe ein.

Am Ende des Ramadan wird das Fastenbrechen gefeiert; *A'id el fitr* ist ein mehrtägiges Familienfest, an dem alle Verwandten zusammenkommen. Auch während des Fastenmonats laden sich Verwandte und Freunde häufig gegenseitig ein, die sozialen Beziehungen werden in dieser Zeit intensiviert. Die Tradition, das Fastenende gemeinsam zu begehen, verbindet die Menschen miteinander, wie überhaupt das Ritual des gemeinschaftlichen Essens Frieden und Vertrauen symbolisiert. Die Gastlichkeit, die jedem Fremden im arabischen Raum zuteil wird, hat auch in dieser Bedeutung ihre Wurzeln.

Der Ramadan ist für Touristen in vieler Hinsicht eine unbequeme Zeit zum Reisen, denn auch bei Fremden wird nicht gerne gesehen, wenn sie öffentlich essen oder trinken. Hunger oder Durst sollten sie deshalb besser dort stillen, wo sie nicht beobachtet werden. Da das Leben tagsüber langsamer vonstatten geht, sind auch viele Unternehmungen beschwerlicher. Für Touristen, die an arabischer Kultur interessiert sind, ist der Ramadan aber ein guter Monat, um Menschen und Land kennenzulernen. Niemals sonst geht es nach Sonnenuntergang so lebendig zu. Gerade in den Großstädten pulsiert das Leben, bis spät nachts kann sich der Besucher durch die Straßen treiben lassen und eine faszinierende Welt erleben.

Die arabische Küche

Die Geschichte

Die arabische Halbinsel gilt als Wiege der arabischen Kultur, die sich von hier aus auf die umliegenden Länder ausbreitete. Die Küche, die sich bereits in vorislamischer Zeit entwickelte, war auf das wenige angewiesen, was das Land hergab. Im Wüstengebiet waren es im wesentlichen Milch und Fleisch von Kamelen, Ziegen und Schafen; hinzu kamen Weizen und Reis, hier und da auch Zwiebeln und Tomaten. Die Beduinen bereiteten einfache Gerichte zu, die zusammen gekocht wurden: *Kebse, Mansaf* oder *Fatta.* Dazu aßen sie Brot, Öl, Joghurt, Frischkäse und die nahrhaften und zuckerreichen Datteln – mehr konnte der beduinische Haushalt nicht bieten.

Die arabische Eßkultur beginnt mit der islamischen Eroberung von Syrien, Persien und Ägypten. Dort, wo Menschen sich niedergelassen hatten, an den großen Flüssen Euphrat und Tigris, dem Nil und im Jordantal, wurden Gemüse, Obst und nahrhafte Hülsenfrüchte angebaut, wurden Rinder und Geflügel gezüchtet. Hier herrschte eine reichere Eßkultur: Die Schmackhaftigkeit des Essens beruhte auf den Gewürzen und Kräutern, die entweder in dem warmen Klima heimisch waren oder mit den Karawanen auf den Handelsstraßen aus Fernost und Indien kamen. Besonders in den entstehenden Handelsstädten entwikkelte sich eine verfeinerte Küche.

Entscheidenden Einfluß auf die arabische Küche hatte die Osmanisierung. Die türkische Küche prägte zunächst den ostarabischen Raum sowie Ägypten und von dort ausgehend auch die anderen arabischen Gebiete. Durch die Verschmelzung mit der türkischen Kultur erweiterte sich das kulinarische Spektrum stark. Eine anspruchsvollere Art des Kochens setzte sich durch: köstliche gefüllte Gemüse- und Fleischgerichte, fein abgeschmeckte Zutaten, bei denen Süßes und Scharfes kombiniert wurden. Auch das süße Gebäck, *Baklawa, Kunafa* und *Basbousa,* geht auf die osmanische Zeit zurück.

Vier Regionen

Heute läßt sich die arabische Küche in verschiedene Regionen einteilen, die – trotz der verbindenden islamischen Kultur – unterschiedliche historische und politische Entwicklungen durchlaufen haben. Der große arabische Raum, der sich vom Irak im Osten bis nach Marokko im Westen erstreckt, hat keine einheitliche Küche hervorgebracht. Zu unterscheiden sind die arabische Halbinsel, der ostarabische Raum, Ägypten und die nordafrikanischen Länder.

Die arabische Halbinsel mit den Emiraten hätte sicher noch immer eine einfache beduinische Küche, wäre nicht durch die reichen Ölvorkommen Geld ins Land geflossen. Die Küche ist heute internationalisiert. Prägend waren nicht nur westliche, sondern auch persische und indische Einflüsse, die mit der Einwanderung arbeitsuchender Menschen dieser Länder auf die Halbinsel gelangten. Die steinreiche Oberschicht pflegt heute hinsichtlich ihrer Eßgewohnheiten einen abgehobenen Lebensstil, der mit den Ursprüngen nur wenig gemein hat. Der Irak und Jemen bilden hier eine Ausnahme.

Der ostarabische Raum mit dem Libanon, Syrien, Palästina und Jordanien ist stark von der Türkei geprägt, ähnlich wie Ägypten, das aber durch seine geographische Lage in vielerlei Hinsicht einen Sonderweg gegangen ist. Wieder eine andere Entwicklung nahmen die nordafrikanischen Länder, die – abgesehen von Libyen – von der französischen Kolonialherrschaft beeinflußt wurden. Doch trotz der regionalen Unterschiede hat sich ein gemeinsamer Charakter erhalten.

Vegetarische Gerichte

Besonders zu erwähnen ist, daß die arabische Küche zahlreiche fleischlose Gerichte kennt. Von einigen Sufi-Orden abgesehen, ist die vegetarische Küche nicht aus einer religiösen Überzeugung entstanden, wie etwa in Indien durch den buddhistischen Glauben. Sie hat sich vielmehr aus geographischen Gegebenheiten und sozialen Umständen entwickelt: Fleisch war etwas Besonderes, das nicht täglich gegessen wurde, für viele Menschen ist es auch heute noch unerschwinglich. Gemüse, Bohnen und Reis mußten es ersetzen. Neuere Forschungen haben bewiesen, daß mit einer ausgewogenen Kombination verschiedener Hülsenfüchte der Proteinbedarf ausreichend gedeckt wird. Die arabische Alltagsküche hat dies seit alters her praktiziert.

So findet man in der traditionellen arabischen Küche eine Fülle vegetarischer Gerichte. Die Frauen waren gefordert, mit viel Kreativität aus Gemüse, Reis, Bohnen und Kichererbsen schmackhafte Rezepte zu entwickeln. Durch die vielfältigen, oft kräftigen Gewürze und Kräuter sind die Speisen abwechslungsreich und reizvoll. Die köstlichen Vorspeisen, Salate und Hauptgerichte sind eine Bereicherung jeder vegetarischen Küche.

Zu diesem Kochbuch

Für das vorliegende Kochbuch wurden Gerichte ausgewählt, die als typisch arabisch – in all seinen verschiedenen Ausprägungen – anzusehen sind. Bei jedem Rezept ist angegeben, aus welchem Land es stammt, was nicht heißt, daß es nicht auch auf den Speisekarten anderer arabischer Länder anzutreffen ist. Gerichte aus anderen Kulturkreisen, etwa Zubereitungen mit Curry, wie sie in den Vereinigten Arabischen Emiraten geschätzt werden, oder mit Crème fraîche, wie sie in den Ländern des Maghreb gebräuchlich sind, wurden nicht aufgenommen. Verzichtet wurde auch auf alle Gerichte, deren Zutaten hier nicht erhältlich sind, so auf die köstliche *Molochia* aus Ägypten, eine sämige Suppe aus einem grünen Gemüse, das äußerlich Spinat ähnelt. Komplizierte Zubereitungen, vor allem, wenn sie nur eine Zutat für das eigentliche Gericht bilden – wie das marokkanische *Chlii,* eingekochtes Fleisch –, fehlen aus praktischen Erwägungen.

Viele Produkte sind inzwischen fertig in türkischen Läden zu kaufen: *Brik* oder *Börek*-Blätter für Teigtaschen oder die häufig zum Kochen und Braten verwendete *Samna,* Butterschmalz. Andere Zutaten lassen sich entweder selbst herstellen oder durch Fertigwaren ersetzen, beispielsweise Couscous oder Tomatenpüree.

Die Mengenangaben zu den Gewürzen sind als Orientierungshilfe zu verstehen; jeder muß selbst herausfinden, wieviel Schärfe und Würze ihm schmecken. Auch andere Zutaten wie Knoblauch und Zwiebeln können selbstverständlich individuell dosiert werden. Gerade die typischen Gerichte existieren – wie überall auf der Welt – in vielen verschiedenen Varianten.

Manche Rezepte, und dazu gehören oft die schmackhaftesten, sind recht arbeitsaufwendig. Sie scheinen von arabischen Ehemännern eigens dafür erfunden worden zu sein, die Frauen in der Küche zu beschäftigen. Da sie selbst aber in der Küche nicht anzutreffen sind – die Autoren dieses Buches und viele andere begeisterte Köche ausgenommen –, müssen es doch die Frauen gewesen sein, die die Rezepte entwickelt haben. Sie bringen darin ihre große Könnerschaft zum Ausdruck und ihre große Liebe und Hingabe an das Kochen.

Aklah Ta'iba – Bi sahitein – Guten Appetit!

Typische Zutaten und Gewürze

Brot
Khubs

Das wichtigste Nahrungsmittel im arabischen Raum ist Brot, es bildet die Basis eines jeden Essens. Seine Herstellung, die in den Dörfern meist den Frauen obliegt, hat sich bis heute kaum verändert. Sie kneten den Teig in großen, flachen Schüsseln und formen ihn zu Fladen. Sobald diese aufgegangen sind, werden sie in den gemeinsamen Backofen des Dorfes geschoben. Auf dem Lande ist die Zubereitung Aufgabe der Mädchen. Der mit Reisig beheizte Ofen aus Lehm befindet sich wegen des Rauches in geringer Entfernung zu den Wohnstätten. Während des abendlichen Backens wird der Ofenplatz zu einem gemütlichen Treffpunkt, wo die jungen Frauen zusammensitzen, einen Moment der Ruhe genießen oder heimlich mit den Burschen aus der Umgebung plaudern.

In den Städten kaufen die meisten Menschen ihr Brot inzwischen beim Bäcker. Vor seinem Laden bilden sich lange Schlangen, wenn der Duft von frischgebackenem Fladenbrot durch die Straßen zieht, und mit hohen Stapeln ziehen die Frauen nach Hause. Das billige und in vielen Ländern subventionierte Grundnahrungsmittel wird zu jeder Mahlzeit gegessen oder stellt sogar die einzige Kost dar. In den ärmeren Bevölkerungsschichten wird das runde, flache und feste Brot in Öl getunkt und mit Kräutern gewürzt.

Burghul

Neben Reis und – in nordafrikanischen Ländern – Couscous ist Burghul (türkisch *Bulgur*) ein wichtiges Grundnahrungsmittel in der arabischen Küche. Während Couscous schwierig zuzubereiten ist, stellt Burghul keinerlei Ansprüche an die Kochkunst. Es ist vorgekochter und wieder getrockneter Weizen, der fein, mittel oder grob geschrotet sein kann. Burghul aus feinem Weizen wird für Süßspeisen, zum Beispiel *Basbousa*, verwandt, der aus mittlerem oder grobem Weizen für Hauptspeisen wie Hackfleischmischungen und alle Arten von Füllungen. Er hat ein leicht nußartiges Aroma.

Butterschmalz
Samna

Statt Öl wird in der arabischen Küche zum Kochen, Braten und Backen auch häufig Butterschmalz verwendet. Frische Butter verdirbt im heißen Klima und bei mangelhafter Kühlung schnell, sie wird zum Kochen fast nie benutzt, außer zu süßem Gebäck, das mit frischer Butter besser schmeckt als mit geklärter.

Samna, geklärte Butter, die dem indischen *Ghee* verwandt ist, ist ohne Kühlung über Monate haltbar. In jedem arabischen Haushalt steht eine große Dose Butterschmalz, auf dem Land wird es häufig noch selbst zubereitet. Zum Schmoren von Gemüse oder Braten von Fleisch und Geflügel eignet es sich besser als frische Butter, da man es wesentlich stärker erhitzen kann; es wird weder braun, noch entsteht lästiger Rauch. Die Gerichte bekommen zudem einen runderen, angenehmeren Geschmack als mit einfachem Pflanzenöl.

Butterschmalz ist in Deutschland fertig zu kaufen, in türkischen Läden in Dosen. Wer sich die Mühe machen möchte, kann frische Butter selbst klären: In einem Topf langsam erhitzen und zum Kochen bringen. Etwa 15 Minuten köcheln, währenddessen den Schaum abschöpfen. Anschließend kurz abkühlen lassen und vorsichtig ohne den Bodensatz, der sich gebildet hat, in ein Glas gießen.

Couscous
K'seksu

In den nordafrikanischen Ländern zählt der aus Hartweizen hergestellte Couscous zu den wichtigsten Grundnahrungsmitteln. Regionale Variationen und Couscous-Traditionen einzelner Familien tragen zu einer großen Vielfalt an Zubereitungsmöglichkeiten bei. Die Zusammensetzung eines Couscous-Gerichtes aber ist auch von den finanziellen Möglichkeiten einer Familie abhängig: Fleisch kann oft nur zu besonderen Gelegenheiten gekauft werden.

Der wichtigste Arbeitsvorgang bei der Zubereitung eines Couscous-Gerichtes ist das Dämpfen von Couscous-Grieß über einer Brühe. Zumeist handelt es sich um eine Hammel- oder Rindfleischbrühe, aber auch Hühner- oder Gemüsebrühen werden gerne benutzt; oft werden ihr Kichererbsen und Rosinen beigegeben. Safran verleiht der Brühe eine gelbe Farbe, süßer Paprika und Cayennepfeffer einen roten Ton. Süßer Couscous wird als Nachspeise gegessen.

Früher mußte der Grieß selbst noch zubereitet werden, was sehr viel Erfahrung voraussetzte. Dazu wurde in einer Mühle Weizen in der gewünschten Dicke gemahlen. In einer großen Holzschüssel wurde den Körnern feingemahlenes Weizenmehl zugegeben, während die Frauen den Couscous mit der Hand bewegten. Langsam legte sich eine feine Mehlschicht um die gemahlenen Körner, die dafür sorgte, daß der Weizen beim Dämpfen nicht zusammenklebte.

Dattel
Tamr

Unter den zahlreichen Früchten, die im arabischen Raum heimisch sind, steht die Dattel *(Phoenix dactylifera)* an erster Stelle. Die Dattelpalme stammt ursprünglich aus Mesopotamien, schon vor fünftausend Jahren begannen die Babylonier mit ihrer Kultivierung und Veredelung. Von hier aus verbreitete sie sich über den gesamten Mittelmeerraum, vor allem aber in die arabischen Länder, und gelangte so auch nach Marokko, das heute zu den wichtigsten Erzeugerländern zählt.

Die Dattelpalme eignet sich durchaus für die Kultivierung in Oasen. Mit genügend Grundwasser verträgt sie das trockene Wüstenklima ohne Schwierigkeiten, denn gegen zu starke Sonneneinstrahlung vermag sie sich durch Hochstellen ihrer Blätter zu schützen. Der seltene Regen wird durch die trichterartige Stellung der Blätter direkt dem Stamm zugeführt, dessen elastische Konstruktion dem Baum eine große Widerstandskraft dem Wind gegenüber verleiht.

Dattelpalmen werden bis zu 30 Meter hoch und bis zu hundert Jahre alt. Ihre volle Tragkraft erreichen sie zwischen dem zwanzigsten und achtzigsten Lebensjahr. Die Nutzungsmöglichkeiten des Baumes sind groß: Die Früchte dienen als Nahrung, die Blätter als Rohmaterial für Flechtarbeiten und zum Decken der Häuser, der Stamm findet als Bauholz Verwendung. Eine Palme kann etwa 50 Kilogramm Datteln im Jahr liefern, in den Oasen liegt der jährliche Ertrag bei 30 Kilogramm.

Mit einem Zuckergehalt von 20 Prozent bei frischgepflückten und 60 bis 70 bei Exportfrüchten gelten Datteln als besonders nahrhaft. Da sie über viele Vitamine verfügen, sind sie für die Oasenbewohner ein wichtiges Nahrungsmittel, das zudem konserviert werden kann.

Essigbaumgewürz
Sumach

Das Essigbaumgewürz *(Rhus chinensis)* wird aus den zerstoßenen Samen des Essigbaumes gewonnen. Es hat eine dunkle Farbe und schmeckt säuerlich-herb. Der Essigbaum ist in verschiedenen Arten, als Strauch oder als bis zu zehn Meter hoher immergüner Baum in Asien und im Mittelmeerraum heimisch. Das Gewürz ist vorwiegend im Libanon, in Syrien und Palästina gebräuchlich, außerdem im Iran. Es dient zum Würzen von Geflügel und Linsengerichten, gefüllten Teigtaschen und Salaten. Beliebt ist es, gemischt mit Thymian, auf pizzaartigen gebackenen Fladen oder mit Olivenöl zu Brot.

Ingwer
Janzabil

Ingwer *(Zingiber officinale)* ist der knollige Wurzelstock einer südostasiatischen Staudenpflanze. Die bis zu zehn Zentimeter langen, graubraunen Wurzelstücke werden geschält oder ungeschält getrocknet und kommen stückweise oder pulverisiert in den Handel, ihr Geschmack ist scharf und brennend.

Schon vor Christi Geburt war Ingwer im Mittleren Osten zu finden, von hier aus trat er seinen Weg nach Europa an. Im Mittelalter war er beliebtes Gewürz und weitverbreitetes Heilmittel, kam jedoch aus der Mode, um erst vor kurzem bei uns wiederentdeckt zu werden. Heute wird Ingwer in China, Indien, Japan und Indonesien angebaut, vor allem aber auf Jamaika, in Westafrika und Australien. Er benötigt ein feuchttropisches Klima, um zu gedeihen.

In der arabischen Küche wird Ingwer am häufigsten – wegen seines süßen würzigen Geschmacks – für Süßspeisen und Getränke benutzt. Das Ingwergetränk *Sharab Janzabil* wird schon im Koran erwähnt. In der nordafrikanischen Küche würzt man mit dem Pulver oder der frischen Wurzel auch Fleisch und Gemüse.

Joghurt
Laban zhabadi

Joghurt wird im Orient seit Jahrhunderten verwendet, nicht nur zum Essen und Trinken. Geschätzt wird er auch zur Schönheitspflege und als Heilmittel, zum Beispiel bei Sonnenbrand, Magen- oder Darmbeschwerden. Joghurt ist sehr gut verdaulich und verbessert die Darmflora durch seine Milchsäurebakterien.

Vom Nahen Osten aus erreichte er Europa, sein arabischer Name *Laban* findet sich im deutschen »Lab« wieder. Lab ist ein Enzym aus dem Magen von Kälbern, das in Käsereien zur Gerinnung des Kaseins benutzt wird. Seit Urzeiten dient es in den heißen Ländern des Nahen und Fernen Ostens zur Herstellung von Joghurt und Weißkäse. In den meisten Haushalten wird er selbst hergestellt; die Methode ist einfach und problemlos, auch ohne Joghurtmaschine.

Im arabischen Raum gehört Joghurt zu verschiedenen Speisen, ob süßen oder scharfen, warmen oder kalten. Mit Wasser und etwas Salz vermischt, ist er auch als erfrischendes, eisgekühltes Getränk beliebt. Sein säuerlicher und aromatischer Geschmack rundet, roh oder als Sauce gekocht, Fleisch- und Gemüsegerichte ab und erhöht die Verdaulichkeit. In der arabischen Küche spielt süße oder saure Sahne keine Rolle, Rezepte mit dieser Zutat stammen mit Sicherheit aus Europa. Süße Sahne, *Eshta,* kennt man nur als Beigabe zu Süßspeisen.

Kardamom
Hab al heel

Die kleinen grünen Kardamomkapseln *(Elettaria cardamomum)* sind die Früchte der Kardamompflanze, die dunkelbraune, aromatische Samen enthalten. Das Ingwergewächs wird in Indien, Sri Lanka, Java und Mittelamerika angebaut. Die Stauden werden bis zu vier Meter hoch.

In Indien und den arabischen Ländern wird Kardamom, das man auch als Heilmittel einsetzte, seit alters her zum Würzen benutzt. In Europa ist er seit dem frühen Mittelalter bekannt und dient heute hauptsächlich zum Würzen von Gebäck. Die zerdrückten Kapseln werden in der arabischen Küche dem Kaffee zugegeben, um ihm einen aromatischen, süß-scharfen Geschmack zu geben. Vielen Kaffeesorten ist Kardamom bereits in gemahlener Form beigefügt.

Koriander
Kuzbara

Ein häufig benutztes Gewürz ist Koriander *(Coriandrum sativum)*, dessen Blätter im Aussehen glatter Petersilie ähneln und ebenso zu Salaten und Saucen verwendet werden. Zum Würzen eignen sich auch die gemahlenen Samen. In der Küche des Orients ist Koriander seit Jahrhunderten beliebt, er wird auch als verdauungsförderndes Heilmittel geschätzt.

Die rotbraunen Früchte gleichen Pfefferkörnern, das Kraut wird etwa 30 Zentimeter hoch und hat weiße, doldenähnliche Blüten. Koriander ist in den Mittelmeerländern heimisch; im nördlicheren Klima wird er wenig angebaut, da er warme und gleichmäßige Temperaturen benötigt.

Kreuzkümmel
Kamoun

Kreuzkümmel *(Cuminum cyminum)*, auch Kumin oder Cumin genannt, findet sich in vielen arabischen Speisen: kaum ein Salat, kaum eine Sauce, die nicht mit ihm gewürzt wird. Aus Turkestan stammend, fand die Pflanze schon früh im Mittelmeerraum Verbreitung. Bereits im alten Ägypten war Kreuzkümmel bekannt, Griechen, Römer und Juden nutzten ihn als Gewürz wie als Heilmittel. In den Küchen des mittleren und nördlichen Europa setzte sich Kreuzkümmel nie durch. Er wird hier nur äußerst selten benutzt, etwa zum

Einlegen von Kohl oder als Käsegewürz. Heute wird Kreuzkümmel vor allem in den nordafrikanischen Küstenstaaten, auf Malta, im Mittleren Osten und Indien angebaut. Als Gewürz dienen die Samen der einjährigen Pflanze, die etwa 30 Zentimeter hoch wird.

Kreuzkümmel ist von durchdringendem, bitterscharfem Geschmack und duftet nach Kampfer. Wer mit ihm nicht allzu vertraut ist, sollte ihn besser sparsam dosieren.

Oliven
Zaitoun

Die zahlreichen Olivensorten unterschieden sich in Größe und Farbe, in Geschmack und Ölgehalt. Die eingelegten Früchte gelten als schmackhafter Imbiß. Man unterscheidet grüne und schwarze Oliven. Die grünen werden noch unreif gepflückt, während man die schwarzen am Baum reifen läßt; andere Färbungen resultieren aus anderen Pflückzeiten. Grüne Oliven werden grundsätzlich anders behandelt, da ihnen zunächst der bittere Geschmack entzogen werden muß. Die kleinen, billigen Oliven werden zu Öl gepreßt; die Kerne dienen im Winter zum Heizen.

Oliven werden nach vielfältigen Rezepten mit Kräutern und Gewürzen eingelegt. In Läden und auf Märkten findet man ein so reichhaltiges Angebot, daß die Auswahl schwerfällt.

Olivenöl
Zait zaitoun

Öl ist ein Hauptbestandteil aller Kochvorgänge. Gebräuchlich ist Pflanzenöl, da es billig ist; im Mittelmeerraum wird hauptsächlich Olivenöl verwendet. Neben den Anbaubedingungen – Klima und Bodenbeschaffenheit – entscheidet die Art der Pressung über seine Qualität. Die erste, kalte Pressung ergibt ein hellgelbes bis grünliches Öl, das wegen seines feinen Geschmacks als das beste gilt. Es wird oft als »jungfräuliches Öl« bezeichnet. Aus der zweiten Pressung stammt das gängige helle Olivenöl, das in seinem Geschmack weniger aromatisch ist.

Orange
Burtuqal

Die in allen arabischen Ländern verbreitete Orange stammt ursprünglich aus China – ihr lateinischer Name *Citrus sinensis* und die deutsche Bezeichnung »Apfelsine« (Apfel aus China) belegen dies. In China kultivierte man schon mehr als zweitausend Jahre vor unserer Zeitrechnung Zitrusfrüchte. Über Indien und Ostafrika gelangten sie mit der islamischen Eroberung in den Mittelmeerraum. Kolumbus brachte die Apfelsine auf den amerikanischen Kontinent. Heute werden die Früchte vor allem in den Mittelmeerländern, im tropischen und subtropischen Amerika, in Australien und Südafrika angebaut.

Ein Orangenbaum trägt schon nach drei Jahren Früchte, manche Sorten das ganze Jahr über. Die Bäume werden mehr als einhundert Jahre alt und sind zwischen dem zwanzigsten und sechzigsten Lebensjahr am ertragreichsten. Apfelsinen unterscheiden sich je nach Land in Größe und Geschmack. Die großen, dickschaligen Sorten werden frisch verzehrt, die kleinen mit dünner Schale zu Saft gepreßt. Man unterscheidet süße Orangen, Mandarinen, Tangerinen, Navel- und Blutorangen sowie die säuerlichen Sevilla-Orangen.

Orangenblütenwasser
Mayit sahr

Orangenblütenwasser ist ein beliebtes »Gewürz«, das meist aus den Blüten der Pomeranzen, der Bitterorangen, gewonnen wird. Im Frühling werden die Blüten gepflückt und zwei Tage lang zur Seite gelegt, bevor mit der Destillation begonnen wird. Die vollen Flaschen werden sorgfältig verschlossen und ruhen vier bis fünf Monate.

In den arabischen Ländern wird Orangenblütenwasser üblicherweise selbst hergestellt. Im deutschsprachigen Raum ist es in spezialisierten Gewürzläden und Apotheken erhältlich. Es dient zum Aromatisieren von Gebäck, Cremes oder Glasuren.

Piment
Bohar

Piment *(Pimenta officinalis)* stammt vom Pimentbaum, der zu den Myrtengewächsen gehört und in Westindien und Mittelamerika gedeiht. Er wird bis zu zehn Meter hoch und hat immergüne, leuchtende Blätter. Seine Beeren, die vor der Reife gepflückt und getrocknet werden, sind bei uns auch als Nelkenpfeffer bekannt. Sie schmecken wie eine Mischung aus Nelken, Zimt und Muskat und werden für süße Speisen und zum Würzen von Gemüse und Fleisch verwendet, ähnlich wie Pfeffer.

Rosenwasser
Mayit ward

Rosenwasser fällt bei der Gewinnung von Rosenöl an, das aus den Blättern der Damaszenerrose gewonnen wird. Zehn Kilogramm Blätter ergeben nur zwei bis drei Gramm Rosenöl. Es ist eines der teuersten Parfümöle. Das zum Kochen verwendete Rosenwasser ist stark verdünnt, duftet aber trotzdem stark. Es wird in arabischen Süßspeisen sehr gerne zugesetzt, ist aber durch sein starkes Aroma gewöhnungsbedürftig; es sollte sparsam verwendet werden. Bei uns kauft man Rosenwasser in türkischen Läden oder in der Apotheke.

Safran
Safran

Safran *(Crocus sativus)* ist eines der teuersten Gewürze der Welt, denn erst 80.000 Blüten ergeben ein Kilogramm Pulver. Die orangefarbenen Narben der Safranpflanze, einer Krokusart, werden mit der Hand abgetrennt, getrocknet und fein gemahlen.

Ursprünglich stammt Safran wahrscheinlich aus Kleinasien und Griechenland. In Persien war die Pflanze schon im ersten vorchristlichen Jahrtausend wohlbekannt und verbreitete sich schließlich im gesamten Mittelmeerraum. Gegen Ende des ersten nachchristlichen Jahrtausends tauchte sie in Spanien auf, vermutlich als Folge der engen Kontakte zu den Arabern. Heute wird Safran in den Mittelmeerländern, im Iran und in China kultiviert. Er schmeckt scharf-bitter und färbt gelb.

Tahina

Eine überaus beliebte Zutat, vor allem im ostarabischen Raum und Ägypten, ist *Tahina*, ein stark ölhaltiger Rückstand, der bei der Herstellung von Sesamöl anfällt. Die dicke Creme ist auch bei uns in Gläsern in jedem türkischen Laden erhältlich. Oft hat sich das Öl abgesetzt, es muß vor der Benutzung aufgerührt werden.

Für Tahinasauce, die fälschlicherweise mit *Tahina* selbst verwechselt wird, muß Wasser oder Zitronensaft – oder eine Mischung aus beidem – zugegeben und gut verrührt werden. Dabei nimmt *Tahina* erstaunlicherweise zunächst eine dickere und festere Konsistenz an. Gießt man noch mehr Flüssigkeit zu, wird sie wieder dünner. Die Sauce paßt zu Vorspeisen und wird auch gerne mit viel Knoblauch zu gebratenem Fisch gegessen. Bei vielen Vorspeisen bildet Tahinasauce eine geschmacklich abrundende Zutat, so bei *Hommus oder Babaganough.*

Zimt
Kirfa

Zimt (*Cinnamonum zeylanicum)* ist ein intensiv riechendes, süßes Gewürz, das in der arabischen Küche jedoch nicht nur für Süßspeisen und Gebäck, sondern auch zum Würzen von Fleisch und Gemüse benutzt wird. Die Zimtstangen stammen von der Innenschicht der Rinde des Zimtbaums, die geschält wird und sich beim Trocknen einrollt. Der immergrüne, bis zu zwölf Meter hohe Baum wächst in Südostasien und Australien, die wohlschmeckendste Art stammt aus Sri Lanka. Seit alters her ist Zimt eine begehrte Handelsware, die über die Gewürzstraße nach Europa gelangte.

Zutaten

Oase im Toudra-Tal

Markt in Marrakesch

Markt in Marrakesch

Markt von Ourika.
Stand mit Hammelfleisch

Auberginen

◆ Im Ganzen gebraten: Die Auberginen rundherum an mehreren Stellen einstechen, damit sie nicht platzen. Auf ein ungefettetes Blech legen und in den auf 180° vorgeheizten Ofen schieben. Je nach Dicke 30 bis 45 Minuten garen, bis sich die Früchte weich anfühlen, dabei alle 15 Minuten wenden.
Die schmackhafteste Methode besteht darin, die Auberginen auf dem Grill zu backen – nicht direkt über der Glut, sondern an der Seite. Ebenfalls mehrfach wenden, bis sie weich sind. Zum Abkühlen 15 Minuten auf einen Teller legen.
◆ In Scheiben oder Stücken gebraten: Um die Bitterstoffe zu entfernen, die Auberginen je nach Rezept schälen und in Stücke oder Scheiben schneiden. 30 bis 60 Minuten in Salzwasser legen, abspülen und mit Küchentüchern ausdrücken – so nehmen die Früchte beim Braten weniger Öl auf. Haben sie trotzdem zuviel Fett aufgesogen, sie unter heißem Wasser abspülen und abtropfen lassen.

Burghul

2 Tassen Burghul
4 Tassen Brühe oder Wasser
3 EL Butter

◆ Den Weizen unter heißem Wasser abspülen. In der Brühe mit 1 TL Salz und 1/2 TL Pfeffer etwa 20 Minuten kochen. Mit Butter vermischen.
Wie Reis als Beilage servieren.

Butterschmalz
Samna

250 g Butter

◆ Die Butter mit 15 g Salz vermischen und über Nacht einwirken lassen.
Am nächsten Tag bei schwacher Hitze unter ständigem Rühren schmelzen, bis das enthaltene Wasser verkocht ist. Durch ein feines Tuch in einen Behälter gießen. Erkalten lassen und zudecken. Einen Monat stehen lassen. Butterschmalz hält sich an einem kühlen Ort etwa ein Jahr.
Es ist auch fertig erhältlich, in türkischen Läden in Dosen.

Eingelegter Chilipfeffer

Shattah, Harissa (Nordafrika)

15 scharfe rote Chilis
1/2 Tasse Olivenöl
3-4 EL Tomatenmark

Eingelegter Chilipfeffer wird in kleinen Mengen zum Schärfen von Speisen benutzt.

◆ Die Chilis fein hacken und im Mörser zerdrükken – die Hände anschließend gründlich waschen. Mit Öl vermischen, Tomatenmark und 1 EL Salz unterrühren. In ein Glas füllen und im Kühlschrank aufbewahren.

Eingelegtes Gemüse

Turshi

Weißkohl, Möhren, kleine Gurken, Blumenkohl oder Rettich
1 Tasse Essig
1 Zitrone

Eingelegtes Gemüse ist eine überaus beliebte Beilage, die in jedem Haushalt anzutreffen ist und oft selbst hergestellt wird. Es steht zu allen Mahlzeiten auf dem Tisch. In Restaurants bekommt man Turshi unaufgefordert serviert.

◆ Das Gemüse in bißgroße Stücke schneiden. Mit 4 EL Salz in 1 l Wasser zum Kochen bringen. Nach 10 Minuten herausnehmen und abtropfen lassen.
1 l frisches Wasser mit 4 EL Salz und Essig aufkochen. Abkühlen lassen, das Gemüse hineinlegen, die geviertelte Zitrone zugeben. In ein Glas füllen, verschließen und ziehen lassen.

Eingemachte Zitronen

Leimoun michalel

kleine reife ungespritzte Zitronen
3 EL Olivenöl

◆ Die Zitronen waschen und so vierteln, daß die Teile miteinander verbunden bleiben. Das Innere gut salzen. Die Zitronen wieder zusammenfalten und in ein Einmachglas legen. Öl darübergießen und mit 1/4 l heißem Wasser auffüllen. Das Glas luftdicht verschließen und einen Monat an einem kühlen Ort stehen lassen.
Eingemachte Zitronen halten sich bis zu zwei Jahren.

Variante:
Statt der Zitronen Limonen verwenden.

Gekochter Joghurt
Laban zhabadi matbuch

2 Knoblauchzehen
Butter
1 kg Joghurt
1 kleines Ei oder
 2 TL Stärkemehl
nach Geschmack:
 1 EL getrocknete Minze

Nicht nur kalter, auch gekochter Joghurt spielt in der arabischen Küche eine große Rolle. Er wird ähnlich benutzt wie bei uns Sahne, ist jedoch wesentlich leichter. Gekochter Joghurt ist typisch ostarabisch und wird als Suppe oder als Sauce über Reis und für Gemüse- und Fleischgerichte verwendet. Würde man unseren Joghurt erhitzen, ohne Ei oder Stärke unterzurühren, würde er sich absetzen. Arabischer Joghurt kann ohne diese Zutaten gekocht werden.

◆ Knoblauch zerdrücken und kurz in Butter anbraten. Den Joghurt mit Ei und 1 knappen TL Salz verrühren, dabei immer in eine Richtung rühren. Bei schwacher Hitze langsam erwärmen. Wenn der Joghurt kocht, Knoblauch zugeben und Minze darüberstreuen. Weitere 5 Minuten köcheln.

Knoblauchpaste

2-3 Knoblauchzehen

Traditionell wird in arabischen Ländern sehr viel Knoblauch verwendet. Meist wird eine Knoblauchpaste hergestellt.

◆ Den Knoblauch mit 1/2 TL Salz im Mörser zerstampfen. Ist kein Mörser vorhanden, die ungeschälten Zehen halbieren, durch eine Knoblauchpresse geben und mit Hilfe eines Messers weiter zerdrücken, dabei Salz zufügen.

Tomatenpüree

für etwa 3 Tassen

1 kg reife Tomaten

◆ sorgfältige Methode: Die Tomaten vierteln und im Mixer pürieren. Die Masse in ein Sieb geben und durchrühren. Mit der Hand gegen das Sieb schlagen, damit der Saft leichter abtropft. Die Tomaten noch einmal im Mixer pürieren und in das Sieb geben. Um das durchgeseihte Tomatenpüree anzudicken, etwas von der zurückgebliebenen Masse im Sieb dazurühren.
◆ schnelle Methode: Die Tomaten mit kochendem Wasser übergießen, mit kaltem Wasser abschrecken und häuten. Vierteln und im Mixer oder mit einem Mixstab pürieren. Bei diesem Vorgehen bleiben die Kerne erhalten.
◆ allerschnellste Methode: pürierte italienische Pizzatomaten verwenden oder 2 EL Tomatenmark mit 3/4 Tasse Wasser anrühren.

Zuckersirup
Scharbaat

2 Tassen Zucker
nach Geschmack:
- 2 EL Zitronensaft oder
- einige Tropfen Rosenwasser, Orangenblütenwasser oder
- 1 kleine Zimtstange

Der arabische Zuckersirup besteht aus Wasser und Zucker, die mit Zitrone, Orangenblütenwasser, Rosenwasser oder Zimt gewürzt sind. Je länger man ihn kocht, desto dicker und süßer wird er. Er kann im voraus zubereitet und im Kühlschrank aufbewahrt werden.
Zuckersirup ist eine häufig verwendete Zutat für arabische Nachspeisen sowie Gebäck und wird auch zum Süßen von Obst und Tee benutzt. Er wird heiß über kaltes Gebäck oder kalt über heißes Gebäck gegossen.

◆ In einem Topf 2 Tassen Wasser und Zucker verrühren und zum Kochen bringen. Bei niedriger Temperatur köcheln, bis sich der Zucker aufgelöst hat. Zitronensaft zugießen und alles 15 bis 20 Minuten köcheln, bis der Sirup auf etwa die Hälfte eindickt und sich golden färbt – nicht zu dick und braun werden lassen.

Variante:
Einen dickeren Sirup erhält man durch Halbieren der Wassermenge.

Brot
Khubs

Brot ißt man in arabischen Ländern zu jeder Mahlzeit. Ob Vorspeise, Suppe, Gemüse, Reis, Fleisch oder Nudeln auf dem Tisch stehen, immer wird neben dem Teller ein Stück Brot liegen. Es wird zerbrochen und nebenher gegessen oder dient zum Aufnehmen von Hommus und anderen Vorspeisen. Am bekanntesten sind die flachen runden Fladen, deren Ober- und Unterseite sich leicht voneinander lösen lassen. Kommen sie warm aus dem Ofen, sind sie hoch aufgewölbt. Frisch schmecken sie natürlich am besten, können aber auch längere Zeit im Kühlschrank aufbewahrt und vor dem Verzehr kurz im Ofen oder einem Toaster aufgewärmt werden. Die Fladen eignen sich sehr gut zum Füllen, zum Beispiel mit Falafel, den Bohnenbällchen. In ostarabischen Ländern findet man auch Fladen, die an eine – allerdings grasgrüne – Pizza erinnern. Sie werden mit Olivenöl bestrichen und mit Satar, einer Thymian-Würzmischung, und Sesamkörnern bestreut.

Fladenbrot
Khubs
(alle arabischen Länder)

3-4 Stunden Vorbereitungs- und Kochzeit
für 8-10 Stück

frische oder Trockenhefe
1/4 TL Zucker
1 kg Mehl

◆ Die Hefe in 1/4 Tasse lauwarmem Wasser und Zucker auflösen, abdecken und gehen lassen.
Mehl mit 1 TL Salz mischen. Die Hefe sowie nach und nach 1 1/2 bis 2 Tassen lauwarmes Wasser zugießen. Alles gut durchkneten, bis ein weicher und elastischer Teig entsteht. Mit einem Tuch bedeckt ein bis zwei Stunden an einem warmen Ort gehen lassen.
Apfelgroße Portionen abtrennen, rund kneten und zugedeckt weitere 30 Minuten gehen lassen.
Fladen von 15 bis höchstens 20 cm Durchmesser ausrollen. Auf einem bemehlten Backblech unter einem Tuch noch einmal eine Stunde ruhenlassen.
Die Fladen im auf 250° vorgeheizten Ofen 5 bis 7 Minuten backen, bis die Unterseite eine braune Farbe annimmt. Anschließend die Oberseite 1/2 Minute grillen.

Dieses Grundrezept kann für Teigtaschen benutzt werden: Dazu mit der Hefe 2 TL Butter unterkneten.

Grießbrot
Lchobz dial lmzgar
(Nordafrika)

Grießbrot wird gerne zum Frühstück oder als Zwischenmahlzeit gegessen.

für 4 Stück

400 g feiner Grieß
50 g Zucker
100 g weiche Butter

◆ In einer Schüssel Grieß, Zucker und 1/2 TL Salz vermischen. Nach und nach die Butter sowie 1/4 Tasse Wasser zugeben und rühren, bis ein weicher Teig entsteht.
Den Teig in vier Portionen teilen und Kugeln formen. Auf einem Teller mit der Hand zu gleichmäßig runden, etwa 1 cm dicken Fladen flach drücken.
In einer fettfreien Pfanne bei schwacher Hitze je 5 bis 10 Minuten von beiden Seiten backen. Heiß servieren.
Beilagen: Butter, Honig oder Marmelade

Thymianbrot
Mana'isch satar
(Palästina, Syrien)

2 Stunden Vorbereitungs- und Kochzeit

frische oder Trockenhefe
1/4 TL Zucker
1 kg Mehl
4 EL Olivenöl
4 EL getrockneter Thymian
2 EL Essigbaumgewürz

In Palästina wird Thymianbrot häufig zum Frühstück gegessen. Es kann, ähnlich wie eine Pizza, eine kleine Mahlzeit bilden.

◆ Die Hefe in 1/4 Tasse lauwarmem Wasser und Zucker auflösen, abdecken und gehen lassen.
Mehl mit 1 TL Salz mischen. Die Hefe sowie nach und nach 1 1/2 bis 2 Tassen lauwarmes Wasser zugießen. Alles gut durchkneten, bis ein weicher und elastischer Teig entsteht. Mit einem Tuch bedeckt ein bis zwei Stunden an einem warmen Ort gehen lassen.
Zu pizzagroßen, etwa 1 cm hohen Fladen ausrollen und auf ein gefettetes Backblech legen. Öl und Gewürze mischen und auf den Fladen verteilen, die Ränder frei lassen. Im auf 250° vorgeheizten Ofen etwa 10 Minuten backen, bis die Oberfläche eine hellbraune Farbe annimmt. Anschließend 1/2 Minute grillen.
Heiß oder kalt servieren.

Variante:
Mit den Gewürzen 2 bis 4 EL Sesamkörner zufügen.

Beduinenbrot
Khubs m'lawi (Irak)

500 g Weizenmehl
6 EL Olivenöl

◆ Das Mehl und 1 TL Salz mit 1/4 l angewärmtem Wasser mischen und gut durchkneten. 30 Minuten ruhenlassen.
Erneut gut durchkneten und einen großen Fladen formen. In acht Tortenstücke schneiden und auf ein Blech legen. Im auf 250° vorgeheizten Ofen braun backen.

Kleiebrot
Lchobz dial nuchala
(Nordafrika)

3 Stunden Vorbereitungs- und Kochzeit
für 4 mittelgroße Brote

30 g frische oder Trockenhefe
1 kg Kleie
100 g Hartweizenmehl
1/2 Tasse Öl

◆ Die Hefe in 1 Tasse lauwarmem Wasser anrühren und gehen lassen. Kleie, gesiebtes Mehl und 1 TL Salz in eine Schüssel geben. Hefe, Öl sowie 3 Tassen lauwarmes Wasser zugeben und alles vermischen. Den Teig mit den Handballen 15 bis 20 Minuten fest kneten. Mit 2 EL Wasser anfeuchten, mit den Fäusten weitere 5 Minuten kneten. Anschließend erneut einige Minuten mit den Händen kneten, bis ein fester und dennoch geschmeidiger Teig entsteht.
In vier Portionen teilen und Kugeln formen. Auf einer bemehlten Platte mit leichten Schlägen zu runden, etwa 5 mm dicken Fladen formen. Auf ein mit einem Tuch bedecktes Backblech legen, mit einem zweiten Tuch abdecken und an einen geschützten Ort stellen. Anderthalb bis zwei Stunden gehen lassen, bis die Fladen das doppelte bis dreifache Volumen erreicht haben.
Mit einer Gabel drei- bis viermal einstechen und im auf 180° vorgeheizten Ofen 10 bis 15 Minuten goldbraun backen.

Kleine Kräuterbrote
Lchobz dial lkoam
(Nordafrika)

3-4 Stunden Vorbereitungs- und Kochzeit
für etwa 15 Stück

1 kg Weizenmehl
30 g frische oder Trockenhefe

für die Füllung:
1 kg Hammelfett
2 gehackte Zwiebeln
1 Bund Petersilie
1 EL süßer Paprika
1/2 TL Cayennepfeffer
1/2 TL gemahlener Kreuzkümmel
1/2 TL Salz

◆ Für die Füllung alle Zutaten gut miteinander vermischen und zwei Stunden zur Seite stellen.
Das Mehl in eine Schüssel sieben. Die Hefe in 1 Tasse lauwarmem Wasser anrühren und mit 1/2 TL Salz dem Mehl zugeben. Fest kneten, nach und nach 1/4 l lauwarmes Wasser zugießen, so daß ein geschmeidiger Teig entsteht. Zur Seite stellen und eine Stunde gehen lassen.
Den Teig in mandarinengroße Kugeln teilen und auf einer mit Öl eingefetteten Fläche ausrollen, bis Brote von etwa 10 cm Durchmesser entstehen. In deren Mitte je 2 EL Füllung geben. Den Rand hochziehen, so daß eine Art Tasche entsteht. Mit der Hand gut schließen und flach drücken, bis sie wieder einen Durchmesser von 10 cm haben – der Teig darf dabei nicht reißen. In einer fettfreien Pfanne bei schwacher Hitze einige Minuten von beiden Seiten backen. Heiß servieren.
Beilage: Tee mit Minze (Seite 196 und 197) oder Zitronentee

Sesamringe

Semit (ostarabische Länder, Ägypten)

3-4 Stunden Vorbereitungs- und Kochzeit

frische oder Trockenhefe
1/4 TL Zucker
1 kg Mehl
etwas Milch
1/2 Tasse Sesamkörner

◆ Die Hefe in 1/4 Tasse lauwarmem Wasser und Zucker auflösen, abdecken und gehen lassen.
Mehl mit 1 TL Salz mischen. Die Hefe sowie löffelweise etwa 2 Tassen lauwarmes Wasser zugeben. Alles gut durchkneten, bis ein weicher und geschmeidiger Teig entsteht. Mit einem Tuch bedeckt ein bis zwei Stunden an einem warmen Ort gehen lassen.
Apfelgroße Portionen abtrennen, zu Fladen formen und zugedeckt weitere 30 Minuten gehen lassen. Jeweils in die Mitte ein Loch bohren und Ringe formen.
Milch und Sesam in zwei Teller füllen. Die Ringe erst in die Milch tauchen, dann in den Sesam drücken. Auf ein gefettetes Backblech legen. Mit einem Tuch bedeckt eine Stunde gehen lassen.
Die Teigringe im auf 250° vorgeheizten Ofen 15 Minuten backen, anschließend 1 Minute hellbraun grillen.

Suppen
Shorba

Suppen sind nicht typisch für die arabische Küche. Die Sitte, vor dem Hauptgang eine Suppe zu reichen, stammt aus Europa und ist im arabischen Raum nicht verbreitet. Trotzdem existieren eine Reihe sehr gehaltvoller Suppen. Die Rezepte stammen häufig vom Land, wo – wie überall auf der Welt – aus dem, was die Natur bietet, kräftige Suppen zusammengestellt wurden. Die Linsensuppe oder die Hühnersuppe mit ihren vielen Variationen zum Beispiel sind so nahrhaft, daß sie eine eigenständige Mahlzeit darstellen.

Manche Suppen werden mit besonderen Hauptgerichten kombiniert, etwa Joghurtsuppe mit Kibbe, den libanesischen Fleischbällchen. Joghurt wird in der arabischen Küche oft warm gegessen, dafür fehlen Sahne und Crème fraîche völlig. Wie es dem arabischen Geschmack entspricht, werden auch Suppen mit typischen Gewürzen und Kräutern verfeinert. Sehr verbreitet ist es, sie mit Zitronensaft zu beträufeln, so daß man Suppen häufig mit einem Viertel Zitrone serviert bekommt.

Kalte Gurkensuppe

Shorbet khyiar (Syrien)

mehrere Stunden vorher zubereiten
für 4 Personen

500 g Salatgurken
1/4 l Buttermilch oder Joghurt
2 Knoblauchzehen
1 TL gemahlener Kreuzkümmel
Zitronen

◆ Gurken schälen, längs halbieren und grob entkernen. In Stücke schneiden und mit Buttermilch, Knoblauch, Kreuzkümmel und Pfeffer im Mixer pürieren.
Die Suppe mehrere Stunden in den Kühlschrank stellen. In Schälchen oder Suppentassen servieren, je ein Viertel Zitrone darüberträufeln.

Variante:
Den Kreuzkümmel durch gehackte frische Minze ersetzen.

Joghurtsuppe

Shorbet laban (Libanon)

für 4 Personen

3 Tassen Hühner- oder Gemüsebrühe
2 1/2 Tassen gekochter Joghurt (Seite 35)
2 EL Butter
3 EL Mehl
frische oder getrocknete Minze

◆ Die Brühe erwärmen und Joghurt zugeben, dabei ständig rühren – in einer Richtung, damit der Joghurt nicht stockt. Bei schwacher Hitze 2 Minuten köcheln.
Butter erhitzen und das Mehl unterrühren. Nach und nach einige EL Joghurt-Brühe zugeben, so daß eine sämige Sauce entsteht. Schließlich die ganze Mischung zugießen. Minze hacken und unterrühren.
Heiß servieren.

Joghurtsuppe wird häufig mit einer Hauptmahlzeit aus Fleischbällchen kombiniert.

Knoblauchsuppe
Shorbet thoum (Ägypten)

für 4 Personen

3-4 Kartoffeln
6-8 Knoblauchzehen
1 Zwiebel
1 Lorbeerblatt
Hühnerbrühe
1 Chili oder etwas Chilipfeffer

◆ Kartoffeln schälen, in kleine Stücke schneiden und in einem Topf mit Knoblauchzehen, ganzer Zwiebel, Lorbeerblatt und Brühe weich kochen. Zwiebel und Lorbeerblatt herausnehmen. Die Suppe im Mixer pürieren. Zurück in den Topf gießen, mit Chili und einer Prise Pfeffer abschmecken, noch einmal aufkochen.

Kichererbsensuppe
Lablabi (Tunesien)

am Vortag beginnen
für 4-6 Personen

250 g Kichererbsen
$1/2$ TL Backpulver
250 g Lammfleisch, zusätzlich Knochen
3 Knoblauchzehen
1 gehackte Zwiebel
1 TL eingelegter Chilipfeffer (Seite 34)
1 TL gemahlener Kreuzkümmel
4 EL Olivenöl
1 Zitrone (Saft)
Brot
Butter

◆ Die Kichererbsen über Nacht in reichlich kaltem Wasser einweichen.
Am nächsten Tag mit Backpulver 30 Minuten in Salzwasser kochen, dabei den Schaum abschöpfen. Das Wasser abgießen. Mit dem kleingeschnittenen Fleisch und dem Knochen in 1 $1/2$ l Wasser aufkochen. Zerdrückten Knoblauch, Zwiebel, Chilipfeffer, Kreuzkümmel sowie Salz zugeben und kochen, bis das Fleisch gar ist.
Das Fleisch herausnehmen und vom Knochen lösen. Die Suppe im Mixer pürieren, das Fleisch erneut zugeben und alles wiederum aufkochen. Mit Öl und Zitronensaft abschmecken.
Brotstückchen in Butter anbraten und über die Suppe geben.

Weizenkleiesuppe mit Kräutern
Sopa dial adchicha (Nordafrika)

für 4 Personen

1 Knoblauchzehe
1 Bund Petersilie
1 Bund Koriander
20 g Butter
2 Tassen gemahlene Weizenkleie

◆ In einem Topf 1 l Wasser zum Kochen bringen. Knoblauchzehe, gehackte Petersilie und gehackten Koriander hineingeben und 10 bis 15 Minuten kochen.
Butter hinzufügen, mit 1/4 TL Pfeffer und Salz würzen. Die Kleie langsam einrühren und die Suppe weitere 10 Minuten köcheln.
Mit Salz abschmecken und heiß servieren.

Variante:
Das Wasser durch eine Fleisch- oder Hühnerbrühe ersetzen und entsprechend weniger salzen.

Hühnerbrühe
Shorbet firach (Ägypten)

für 4-6 Personen

1 Hühnchen
2 gehackte Zwiebeln
gemahlener Kreuzkümmel
2 Möhren
2-4 Lauchzwiebeln
4 EL Butterschmalz (Seite 33)
1 Lorbeerblatt
gehackter frischer Koriander
Safran

◆ Das Hühnchen zerlegen. Zwiebeln, die Hälfte des Kreuzkümmels, Pfeffer und Salz im Mixer oder mit dem Mixstab pürieren. Die Hühnerteile in der Mischung wälzen und 30 Minuten marinieren.
In einem großen Topf 1 1/2 l Wasser zum Kochen bringen. Währenddessen Möhren und Lauchzwiebeln in Scheiben schneiden.
In einer Pfanne Butterschmalz erhitzen, Möhren und Lauchzwiebeln darin anbraten. Herausnehmen, die marinierten Hühnerteile in die Pfanne legen und goldbraun anbraten. Hühnerteile, Gemüse und Lorbeerblatt in das kochende Wasser geben. Den Schaum abschöpfen. Bei schwacher Hitze etwa 45 Minuten kochen.
Die Hühnerteile aus der Brühe nehmen, das Fleisch von den Knochen lösen und in bißgroße Stücke zerteilen. Mit dem restlichen Kreuzkümmel, etwas Koriander und einer Prise Safran zurück in die Brühe geben und alles weitere 10 Minuten kochen, bis das Fleisch ganz weich ist.

Gemüsesuppe
Shorbet khodar
(Ägypten)

für 4-6 Personen

500 g Rindfleisch
1 Zwiebel
2 Kardamomsamen
2 Pfefferkörner
3 Kartoffeln
3 Möhren
3 Stangen Bleichsellerie
1 Stange Porree
2-3 Zucchini
Rinderbrühe
gehackter frischer Koriander

◆ In einem großen Topf 1 1/2 l Wasser zum Kochen bringen. Das Fleisch in 2 cm große Würfel schneiden. Mit der ganzen Zwiebel, Kardamom, Pfeffer und etwas Salz in das kochende Wasser geben und 45 Minuten kochen, dabei den Schaum abschöpfen.
Die Brühe abgießen, Zwiebel und Gewürze entfernen. Die Fleischstücke zurück in die Brühe geben. Kartoffeln, Möhren, Sellerie, Porree und Zucchini in Scheiben schneiden und in dieser Reihenfolge in die Suppe geben. Jedes Gemüse solange kochen, bis es gerade gar ist – die gesamte Kochzeit beträgt noch einmal 20 Minuten.
Zuletzt nach Geschmack Fertigbrühe und Koriander zugeben.

Variante:
In den letzten 10 Minuten Suppennudeln zufügen.

Kürbissuppe
Sopa dial geraa
(Nordafrika)

für 6 Personen

1 kg Kürbis
3/4 l Milch
2 EL Reis
1 EL Zucker
3 EL Crème fraîche
1 EL gehackte Petersilie

◆ Den Kürbis schälen und in kleine Würfel schneiden. In etwas Salzwasser 20 Minuten garen. Herausnehmen, abtropfen lassen und im Mixer pürieren. Milch zum Kochen bringen, das Kürbispüree zugeben. Den gewaschenen Reis hinzufügen, mit Zucker und Salz würzen. Bei schwacher Hitze 25 Minuten köcheln.
Die Crème fraîche in eine Suppenschüssel geben, Petersilie untermischen. Die Suppe zugießen, gut umrühren und heiß servieren.
Beilage: geröstete Brotwürfel

Linsensuppe
Shorbet 'ads (Ägypten)

2 Stunden Vorbereitungs- und Kochzeit
für 6 Personen

2 Tassen orangefarbene Linsen
1 Zwiebel
2-3 EL Butterschmalz (Seite 33) oder Öl
1 große, gehackte Zwiebel
2 EL Butter
nach Geschmack: 1/2-1 TL gemahlener Kreuzkümmel
1 Limone oder Zitrone

◆ Die Linsen in einem Sieb waschen, 15 Minuten in Wasser einweichen und im Sieb abtropfen lassen.
In einem Topf 1 l Wasser, die Linsen und die geviertelte Zwiebel zum Kochen bringen. Bei schwacher Hitze etwa anderthalb Stunden köcheln, bis die Linsen weich sind. Dabei häufig umrühren – besonders gegen Ende der Kochzeit –, damit die Linsen nicht ansetzen.
In einer kleinen Pfanne Butterschmalz erhitzen und die gehackte Zwiebel goldbraun anbraten. Mit einem Schaumlöffel die Zwiebelstücke abschöpfen, abtropfen lassen und zur Seite legen.
Die Linsen im Mixer pürieren. Butter, Salz, Pfeffer und Kreuzkümmel zugeben, alles zurück in den Topf füllen und weitere 5 Minuten kochen.
In Suppentassen oder Schälchen füllen, einige Zwiebelstücke darübergeben. Mit einem Viertel Limone servieren, etwas Saft in die Suppe träufeln.

Spinatsuppe
Shorbet sabanekh (Libanon)

für 4 Personen

250 g Spinat
200 g Hackfleisch vom Rind
gemahlener Zimt
1 TL Kardamompulver
gehackte Petersilie
100 g Butterschmalz (Seite 33) oder Butter
2 EL Mehl
reichlich 1 l Fleischbrühe

◆ Den Spinat kleinhacken. Hackfleisch mit einer Prise Zimt, Kardamom, 1/2 TL Salz, einer Prise Pfeffer und etwas Petersilie vermengen, kleine Fleischbällchen formen und in Butterschmalz braten. Die Fleischbällchen herausnehmen, in demselben Fett das Mehl bräunen.
Die Brühe in einen Suppentopf gießen, die Mehlschwitze zufügen und alles zum Kochen bringen. Die Hitze verringern und die Brühe 5 Minuten köcheln.
In einem zweiten Topf den Spinat mit 1 Tasse Wasser 3 Minuten bei mittlerer Hitze schwenken. Abtropfen lassen und mit den Fleischbällchen in den Suppentopf geben. Alles noch einmal 5 Minuten kochen.

Tomatensuppe
Shorbet banadoura
(ostarabische Länder)

für 4 Personen

1 Tasse Reis
1 l Tomatensaft
5 Knoblauchzehen
1 TL Koriander
200 g Butter oder
Butterschmalz (Seite 33)

◆ Reis und Tomatensaft in einem Topf zum Kochen bringen. Bei schwacher Hitze 30 Minuten köcheln.
Knoblauch und Koriander im Mörser zerstampfen. In Butter fast goldbraun anbraten und zur Suppe geben. Mit 1 TL Salz abschmecken und weitere 5 Minuten kochen.

Variante:
Frischen Koriander kleinhacken und zum Schluß über die Suppe geben.

Harira
(Nordafrika)

2 Stunden Kochzeit
für 6-8 Personen

300 g Rindfleisch
2 gehackte Zwiebeln
2 Tassen Öl
1/4 Bund Koriander
1/4 Bund Petersilie
1/2 Stange Sellerie
1/2 Stange Porree
1/2 Tasse Linsen
1 g Safran
1 TL gemahlener Ingwer
1 kleine Dose geschälte
Tomaten
2 EL Weizenmehl
1 Tasse Reis
1 TL Butterschmalz (Seite 33)

◆ Das Fleisch waschen, abtrocknen und in kleine Stücke schneiden. Mit den Zwiebeln vermischen und eine Weile ziehen lassen.
In einem Dampfkochtopf Öl erhitzen und das Fleisch darin anbraten. Koriander und Petersilie hacken und zugeben. Sellerie und Porree kleinschneiden und hinzufügen. Die Linsen waschen und ebenfalls in den Topf geben. Wenn das Fleisch angebraten ist, mit 2 l Wasser ablöschen. Mit Safran, Ingwer, Pfeffer und Salz würzen, eine Stunde kochen.
Die Tomaten pürieren und der Suppe beigeben. Mehl mit etwas Wasser verrühren und der Suppe zufügen, wenn diese zu kochen beginnt. Reis zugeben und 5 Minuten köcheln. Dabei immer wieder umrühren und das Butterschmalz hinzufügen. Kochen, bis der Reis gar ist.
Beilage: Fladenbrot (Seite 39)

Variante:
Statt Reis können Suppennudeln genommen werden.

Suppe à la Casablanca
Harira bedaouia (Marokko)

am Vortag beginnen
für 6 Personen

150 g Kichererbsen
125 g Hammelfleisch
2 Knochen
1/2 Sellerieknolle
1/2 Bund Petersilie
1 Bund Koriander
4 kleine Zwiebeln
1 kg Tomaten
1/4 TL gemahlener Zimt
1/4 TL Safran
100 g Weizenmehl
50 g Suppennudeln
2 Zitronen (Saft)
1 Ei

◆ Die Kichererbsen über Nacht in reichlich kaltem Wasser einweichen.
Am nächsten Tag in einem Topf 2 l Wasser zum Kochen bringen. Kichererbsen, das in kleine Stükke geschnittene Fleisch und die Knochen hinzufügen. Sellerie kleinschneiden, Petersilie und die Hälfte des Korianders kleinhacken. Alles mit den geschälten Zwiebeln der Brühe zugeben. Tomaten häuten und im Mixer pürieren. Die Hälfte des Pürees in die Brühe geben. Mit Zimt, Safran, 1/2 TL Pfeffer und Salz würzen. Die Zwiebeln herausnehmen, sobald sie gar sind. Die Brühe etwa 50 Minuten kochen, bis das Fleisch gar ist.
Die andere Hälfte des Tomatenpürees in einen Topf geben, nach und nach die Brühe zugießen. Fleisch, Kichererbsen und die anderen Zutaten zur Seite stellen. Die Brühe erneut 15 Minuten köcheln, dann eine Weile zur Seite stellen.
Mehl in etwas Wasser anrühren und der abgekühlten Brühe beigeben. Langsam aufkochen und die Suppennudeln hinzufügen. Wiederum köcheln. In einem Mörser die restlichen Korianderblätter zerstoßen. Etwas Salz und 3 EL Brühe zugeben, verrühren und unter ständigem Rühren in die Brühe gießen. Die zur Seite gestellten Zutaten und den Zitronensaft beifügen, die Suppe aufkochen. Das Ei schlagen und in die Brühe einrühren. Heiß servieren.

Varianten:
▹ Statt der Kichererbsen Linsen verwenden.
▹ Die Hälfte der Kichererbsen durch dicke Bohnen ersetzen.

Fischsuppe
Sopa dial lhot (Algerien)

für 4 Personen

½ Kohlrabi
2 Möhren
2 weiße Rüben
2 Kartoffeln
4 Stangen Bleichsellerie
¼ Tasse Öl
½ Bund Petersilie
2 gehackte Knoblauchzehen
1 EL Tomatenmark
250 g Merlan

◆ Kohlrabi, Möhren, weiße Rüben und Kartoffeln schälen und in kleine Stücke schneiden, den Sellerie ebenfalls kleinschneiden.
In einem Topf 1 l Wasser erhitzen. Das Gemüse hineingeben und mit Öl übergießen. Mit gehackter Petersilie, Knoblauch, Tomatenmark, 2 TL Pfeffer und Salz würzen, 30 Minuten kochen.
Den Fisch hinzufügen und alles weitere 15 Minuten kochen.
Den Merlan herausnehmen und zur Seite legen. Das Gemüse im Mixer pürieren und zurück in den Fischsud geben. Den Fisch zerkleinern, in eine Suppenschüssel legen und mit dem Sud übergießen.

Salate
Salatat

Das heiße Klima und das Vorhandensein von frischem Gemüse rund ums Jahr bringen mit sich, daß Salate in arabischen Ländern viel und gerne gegessen werden. Sie fehlen bei fast keiner Mahlzeit. Häufig wird auch nicht angemachtes Gemüse gereicht, zum Beispiel Lauchzwiebeln und Radieschen.

Der Salat wird kleiner geschnitten als bei uns üblich; so können sich die Zutaten besser miteinander und mit der Sauce mischen, und es entsteht ein intensiverer Geschmack. In der Regel bestehen die schmackhaften und scharf gewürzten Saucen aus Zitronensaft und Öl. Schwere, cremige Saucen mit Sahne sind unüblich. Eine Ausnahme sind Joghurt- und Tahinasauce, die in ostarabischen Ländern gerne gegessen werden. Die Saucen, die bei gemischten Salaten entstehen, sind so würzig, daß sie gerne am Ende der Mahlzeit getrunken werden.

Die Palette der arabischen Salate ist sehr breit. Europäer verwundert häufig, daß Speisen als Salate bezeichnet werden, die wir eher als Crèmes oder Dips betrachten würden. Der Übergang ist fließend, doch werden im folgenden nur Salate beschrieben, die weitgehend aus frischen Gemüsen zubereitet sind. Grenzfälle sind zum Beispiel Tabouleh, ein Salat aus Petersilie und Burghul, und Fattoush, ein Salat, dem Brotstücke beigefügt sind: Beide können als reichhaltige Vorspeisen serviert werden.

Salatsaucen

Ägyptische Zitronensauce

6 EL Olivenöl
3 EL Zitronensaft
1 Knoblauchzehe
1/4 TL gemahlener Kreuzkümmel
1/4 TL gemahlener Koriander
1/4 TL Paprika
1/2 TL Zucker
1 Prise Chilipfeffer
1/2 TL Salz
nach Geschmack: 1 EL geriebene Zitronenschale

◆ Alle Zutaten in ein Marmeladenglas geben, das Glas fest verschließen und gut schütteln – oder alles in einer Schüssel gründlich miteinander verrühren.

Libanesische Sauce

Knoblauchpaste (Seite 35)
3 EL Zitronensaft
nach Geschmack: 3-6 EL Olivenöl
1 Prise Pfeffer

◆ Alle Zutaten miteinander verrühren.
Eignet sich zu jedem Salat und Gemüse.

Variante:
Einen Becher Joghurt zufügen.

Salatsauce mit Tahina
(ostarabische Länder)

6 EL Tahina
6-8 EL Zitronensaft
1 Becher Joghurt
nach Geschmack: gemahlener Kreuzkümmel

◆ Die Tahina mit Zitronensaft verrühren, den Joghurt hinzufügen. Mit Salz und eventuell einer Prise Kreuzkümmel abschmecken.

Variante:
Zwei im Mörser zerstampfte Knoblauchzehen zugeben.

Salate

Gekochter tunesischer Salat
Salata tunsia (Tunesien)

2-3 grüne Paprika
4 Tomaten
3 EL Olivenöl
1 Knoblauchzehe
1/2 TL gemahlener Kreuzkümmel
1/2 Bund Petersilie
1 kleines Bund frische Minze
1 Zitrone (Saft)
2 hartgekochte Eier
1/2 Tasse Oliven

◆ Die Paprika auf ein ungefettetes Blech legen und im auf 180° vorgeheizten Ofen backen, dabei einmal wenden. Wenn sie weich sind und die Haut schrumpelig geworden ist, herausnehmen und abkühlen lassen. Häuten und in Stücke schneiden.
Die Tomaten mit kochendem Wasser übergießen, häuten und vierteln. In einem Topf Öl erhitzen und die Tomaten darin anbraten. Zerdrückten Knoblauch, 1/2 TL Salz, 1/2 TL Pfeffer und Kreuzkümmel hinzufügen. Die Paprika zugeben und alles köcheln
Petersilie und Minze hacken, zufügen und kurz mitkochen. Den Topf vom Herd nehmen und abkühlen lassen.
Den Zitronensaft unterrühren, den Salat mit geviertelten Eiern und Oliven garnieren.

Bauernsalat
Salata mishakilla (Syrien)

1 kleine Gurke
2-3 Tomaten
2 grüne Paprika
Romanasalat
2-4 Lauchzwiebeln
1 Bund Petersilie
1 Bund Ruccola

für die Sauce:
Olivenöl
Zitronensaft
Essig

◆ Alle Zutaten, die beliebig kombiniert werden können, in etwa 1 cm große Stücke schneiden – so wird der Geschmack intensiver.
Für die Sauce Öl, Zitronensaft und Essig miteinander verrühren und unter den Salat mischen.

Auberginensalat

Badingan mtabbel (ostarabische Länder)

1 große Aubergine
2 Lauchzwiebeln
Knoblauchpaste (Seite 35)
6-8 EL Zitronensaft
6 EL Olivenöl
gehackte Petersilie

◆ Die Aubergine rundherum an mehreren Stellen einstechen, damit sie nicht platzt, und im Ofen bei 180° etwa 30 Minuten backen.
Unter fließendem Wasser abkühlen und schälen. In Stücke schneiden und in eine Salatschüssel geben. Die Lauchzwiebeln hacken – einen Teil des grünen Stengels mitverwenden – und dazugeben. Die Knoblauchpaste mit $^1/_4$ TL Pfeffer, Zitronensaft und Öl vermischen. Über die Auberginenstückchen gießen und vorsichtig umrühren, mit Petersilie bestreuen.
Warm oder kalt servieren.

Olivensalat

Meslala (Nordafrika)

2 Stunden vorher zubereiten
für 4-6 Personen

2 Tassen entkernte Oliven
2 Zitronen (Saft)
1 Knoblauchzehe
1 Bund Petersilie
1 TL süßer Paprika
$^1/_4$ TL Cayennepfeffer
$^1/_2$ TL gemahlener Kreuzkümmel
2 EL Erdnußöl

◆ Die Oliven mit dem Zitronensaft vermischen. Zerdruckten Knoblauch und gehackte Petersilie zugeben. Mit Paprika, Cayennepfeffer, Kreuzkümmel und Salz würzen. Öl zugeben und alles gut vermischen. An einem kühlen Ort zwei Stunden ziehen lassen.

Gurkensalat

Salata khyiar (Libanon)

1 Gurke
1 Lauchzwiebel
1 Bund Petersilie
1 Bund frische oder 2 EL getrocknete Minze
libanesische Sauce (Seite 55)

◆ Gurke und Lauchzwiebel in Scheiben schneiden, die Kräuter hacken. Alles gut miteinander vermischen und mit Sauce übergießen.

vorkochen

Petersiliensalat
Tabouleh
(ostarabische Länder)

1 Tasse Burghul (Seite 33) X !!
3-4 Zitronen (Saft)
4-6 Lauchzwiebeln
3 Tomaten
1 Bund frische Minze
4-5 Tassen gehackte Petersilie
1/2 Tasse Olivenöl
nach Geschmack:
2 Knoblauchzehen

◆ Den Burghul in einer Schüssel 5 Minuten einweichen, in einem Sieb gut abtropfen lassen, das Wasser ausdrücken. Zitronensaft zugießen.
Lauchzwiebeln mit einem Stück grünen Stengel sehr klein schneiden, mit 2 TL Salz mischen und zugeben. Tomaten in kleine Stückchen schneiden und mit gehackter Minze und Petersilie hinzufügen.
Öl – eventuell mit zerdrücktem Knoblauch – darübergießen, mit 1/2 TL Pfeffer würzen und alles gut mischen. Eine Stunde in den Kühlschrank stellen. Kalt servieren.

Mit Romanasalat-Blättern garnieren, mit deren Hilfe der Petersiliensalat mit den Händen gegessen werden kann.

Petersiliensalat mit Tahinasauce
Bakdunsieh
(ostarabische Länder)

1/2 Tasse Tahina
2 Zitronen (Saft)
1 Knoblauchzehe
gemahlener Kreuzkümmel
2 Bund Petersilie

◆ Tahina, P29 Zitronensaft, zerdrückten Knoblauch, je eine Prise Kreuzkümmel und Salz gut miteinander verrühren. Etwas Wasser hinzugießen, so daß eine dicke Sauce entsteht. Die Petersilie fein hacken und mit der Sauce vermischen.
Eignet sich als Beilage zu Fischgerichten, besonders gebratenem Fisch.

Möhrensalat mit Orange
Schlada dial chisu maa letschin (Nordafrika)

für 4 Personen

350 g Möhren
1 Zitrone (Saft)
1 EL Puderzucker
2 Orangen

◆ Möhren schaben und der Länge nach vierteln. Den holzigen Kern entfernen, die Möhren so fein wie möglich raspeln. Zitronensaft mit Puderzucker und etwas Salz vermischen und den Möhren zugeben. Orangen schälen, in kleine Stücke schneiden und hinzufügen. Alles gut vermischen und ziehen lassen.
Kühl servieren.

Kartoffelsalat
Salata batatis (Ägypten)

6 Kartoffeln
1 Bund Petersilie
2 Lauchzwiebeln oder
3 Knoblauchzehen
Salatsauce mit Tahina
(Seite 55)

◆ Die Kartoffeln mit Schale kochen, mit kaltem Wasser abschrecken und schälen. In etwa 2 cm große Würfel schneiden und in eine Salatschüssel füllen. Petersilie und Lauchzwiebeln hacken und zugeben. Die Salatsauce vorsichtig unterheben.

Variante:
Zu Kartoffelsalat schmeckt auch eine libanesische Sauce (Seite 55).

Süßkartoffelsalat
Schlada dial batata hlua (Nordafrika)

für 4-6 Personen

500 g Süßkartoffeln
5 EL Öl
1 gehackte Zwiebel
1/4 TL Safran
1/2 TL gemahlener Ingwer
1/4 EL gemahlener Kreuzkümmel
1 TL süßer Paprika
2 TL gehackte Petersilie
2 TL frischer gehackter Koriander
1 eingemachte Zitrone (Seite 34)
1 Zitrone (Saft)
6 marinierte Oliven (Seite 64)

◆ Süßkartoffeln schälen und in Würfel schneiden. Öl erhitzen und die Zwiebel darin garen. Mit Safran, Ingwer und Salz würzen, mit 1 Tasse Wasser ablöschen. Die Süßkartoffeln zugeben und bei mittlerer Hitze kurz dünsten.
Sobald sie gar sind, Kreuzkümmel, Paprika, Petersilie und Koriander hinzufügen. Die in kleine Stücke geschnittene Schale der eingemachten Zitrone mit Zitronensaft und Oliven zugeben. Bei schwacher Hitze kochen, bis die Sauce sämig wird. Erkalten lassen.

Arabischer Brotsalat
Fattoush (Libanon)

2 Fladenbrote (Seite 39)
2 kleine Gurken
4 Tomaten
3-4 Lauchzwiebeln
Romana- oder Endiviensalat
1 Bund Petersilie
1 kleines Bund frische oder
  1 EL getrocknete Minze
1 kleines Bund Koriander
nach Geschmack:
  4-6 Radieschen,
  1 kleine Paprika

für die Sauce:
2 Knoblauchzehen
nach Geschmack:
  2 Zitronen (Saft)
1/8 l Olivenöl

◆ Die Brote toasten und in kleine Stücke brechen, drei Viertel in eine Salatschüssel schichten. Gurken, Tomaten und Lauchzwiebeln kleinschneiden – einen Teil des grünen Stengels mitverwenden. Alles auf das Brot schichten und 10 Minuten stehen lassen.
Salat, Kräuter, Radieschen und Paprika kleinschneiden, mit dem übrigen Salat vermischen. In den Kühlschrank stellen.
Für die Sauce zerdrückten Knoblauch mit 1 TL Salz, 1/2 TL Pfeffer und Zitronensaft in eine kleine Schüssel geben, mit Öl vermischen. Die Sauce über den Salat gießen und durchmischen, das übrige Brot daraufschichten.

Vorspeisen
Mokadamat, Mezze

Wer ein arabisches Restaurant besucht, bekommt eine Vielzahl verschiedener Vorspeisen serviert. Allein der libanesischen Küche sagt man nach, daß sie über 99 Mezze verfügt. Die arabische Eßkultur hat eine Fülle köstlicher Vorspeisenrezepte hervorgebracht, die zuzubereiten viel Spaß, aber auch Arbeit bereitet. Ist der Tisch aber mit den vielen bunten Schüsselchen mit Mezze gedeckt, entschädigt der Genuß für die Mühe.

Salate und Vorspeisen werden oft nicht unterschieden, so heißen manche Vorspeisen »Salat«, die wir nach unserem Empfinden nicht als solche bezeichnen würden. So heißt zum Beispiel die dickflüssige Sauce, die mit Wasser, Zitronensaft und Tahina angerührt wird, im arabischen Raum Salata Tahina.

Die Vorspeisen werden mit arabischem Fladenbrot serviert, das man in die Hand nimmt und zerreißt. Mit den Brotstückchen werden viele der Pürees, Dips und Salate aufgenommen und gegessen.

Über die folgenden Rezepte hinaus können ebenfalls als Vorspeisen angeboten werden:

▷ *Falafel (Seite 81)*
▷ *Gefüllte Hackfleischbällchen (Seite 152)*
▷ *Hackfleischbällchen mit Pinienkernen und Rosinen (Seite 155)*
▷ *Petersiliensalat (Seite 58)*
▷ *Arabischer Brotsalat (Seite 60)*

Frischkäse aus Joghurt
Labne
(ostarabische Länder)

am Vortag beginnen

1 l Milch
2 EL Joghurt

◆ Milch aufkochen, vom Herd nehmen und abkühlen lassen, bis sie lauwarm ist – H-Milch nur anwärmen. Die Temperatur ist richtig, wenn man einen Finger zehn Sekunden in der warmen Milch lassen kann, ohne daß es unangenehm wird.
Joghurt in eine Tasse füllen und mit 4 EL warmer Milch verrühren, zur restlichen Milch geben und umrühren. Die Mischung an einem warmen Ort fünf bis sechs Stunden ruhenlassen – beispielsweise den Ofen auf etwa 50° erhitzen, abschalten und den Topf hineinstellen.
Den dickgewordenen Joghurt mit 1 TL Salz verrühren und in ein Tuch schlagen. In ein Sieb legen und an einer Schnur aufhängen, damit die Molke abtropfen kann. Etwa einen Tag hängenlassen, je nach gewünschter Dicke des Weißkäses.
Eignet sich als Vorspeise oder zum Frühstück, mit Olivenöl und anderen Zutaten, aber auch mit Süßem.

Variante:
Läßt man den Joghurt zwei Tage hängen, entsteht eine dicke Masse, aus der sich kleine Käsebällchen formen lassen – dazu die Hände mit Olivenöl einreiben. Die Bällchen auf ein Tuch legen und weitere zwei Stunden abtropfen lassen.

Joghurtsalat
Salata zhabadi
(ostarabische Länder)

1 kleine Gurke
2 Becher Joghurt
Knoblauchpaste (Seite 35)
1-2 TL gehackte frische oder getrocknete Minze

◆ Die feingewürfelte Gurke in einem Sieb abtropfen lassen und mit etwas Salz umrühren.
Die Molke abgießen und den Joghurt mit Knoblauchpaste mischen, Gurkenstückchen, Minze und Pfeffer zugeben.
Eignet sich als Beilage zu gefüllten Weinblättern (Seite 69).

Schafskäse mit Tomaten und Paprika
Gibna baladi bil tamatem (Ägypten)

200 g weißer Schafskäse, möglichst bröselig
2 TL Olivenöl
2 TL Zitronensaft
Chilipulver
1 große Tomate
1-2 hellgrüne, längliche Spitzpaprika
Minzeblätter

◆ Den Schafskäse mit einer Gabel zerdrücken, mit Öl, Zitronensaft und einer Prise Chili vermischen. Tomate und Paprika in sehr kleine Würfel schneiden – einige Paprikastreifen zum Garnieren zur Seite legen – und untermischen. In flache Schüsselchen füllen, mit Minze oder Paprikastreifen garnieren.

Marinierte Oliven

1 ungespritzte Zitrone
4 Knoblauchzehen
1 kleine Möhre
500 g grüne und/oder schwarze Oliven
getrockneter Thymian
gemahlener Kreuzkümmel
Olivenöl
nach Geschmack: Chilis

◆ Die Zitrone waschen und mit der Schale in kleine Stücke schneiden, Knoblauch und Möhre in Scheiben schneiden. Mit den Oliven in 1/4 l Wasser legen, 2 EL Salz zufügen, mit Thymian, einer Prise Kreuzkümmel und eventuell Chilis würzen. Mit etwas Öl übergießen.

Händler auf einem *Suq* in der Nähe von Marrakesch

Suq in Marrakesch. Kräuter und Gewürze

Suq in Marrakesch

oben: Stand mit Eingemachtem und verschiedenen Olivensorten

links: Eingemachtes: Zitronen, Pfefferschoten, Tomaten und Oliven

unten: Duft- und Gewürzstand

Hommus mit Hackfleisch

Hommus bil tahina ma'a lahm mafroum (Libanon)

am Vortag beginnen x)

400 g Kichererbsen
1/2 TL Backpulver
2-3 EL Öl
30 g Pinienkerne
200 g Hackfleisch von Rind oder Lamm
nach Geschmack: gemahlener Zimt

◆ Die Kichererbsen mit Backpulver über Nacht in reichlich kaltem Wasser einweichen. Am nächsten Tag Wasser abgießen, die Kichererbsen mit frischem Wasser aufkochen. Den Schaum abschöpfen. Bei schwacher Hitze eine bis anderthalb Stunden weich kochen. Wasser abgießen, einen Teil auffangen. Wenn die Masse zu dick ist, etwas Kochwasser dazurühren. Die Kichererbsen im Mixer pürieren, vorher einige zum Garnieren zur Seite legen.
Öl erhitzen, die Pinienkerne darin hellbraun anbraten und herausnehmen. Das Hackfleisch mit Zimt, Salz und Pfeffer würzen, in demselben Öl 10 Minuten braten, dabei ständig umrühren.
Den Hommus auf einer Platte oder einem Teller ausbreiten, Hackfleisch und Pinienkerne darübergeben. Sofort servieren.

Hommus mit Tahina

Hommus bil tahina (ostarabische Länder)

am Vortag beginnen
für 6 Portionen

400 g Kichererbsen x)
1/2 TL Backpulver
1/2 Tasse Tahina
1/2 Tasse Zitronensaft
4-6 Knoblauchzehen
nach Geschmack: 1/2-1 TL gemahlener Kreuzkümmel
Paprikapulver
Olivenöl
Petersilienblätter

◆ Die Kichererbsen mit Backpulver über Nacht in reichlich kaltem Wasser einweichen. Am nächsten Tag Wasser abgießen, die Kichererbsen mit frischem Wasser aufkochen. Den Schaum abschöpfen. Bei schwacher Hitze eine bis anderthalb Stunden weich kochen. Wasser abgießen, einen Teil auffangen. Die Kichererbsen im Mixer pürieren, einige zum Garnieren zur Seite legen.
Tahina und Zitronensaft verrühren, zerdrückten Knoblauch und eventuell Kreuzkümmel zugeben. Alles dem Kicherbsenbrei hinzufügen und gut vermischen, mit 2 TL Salz abschmecken. Eventuell Kochwasser zugießen, bis die gewünschte Konsistenz erreicht ist.
Auf flachen Platten oder Tellern ausbreiten, mit einem Paprikamuster überziehen, etwas Öl darübergießen und mit Petersilie und Kichererbsen garnieren.

Variante:
Einen Teil des Zitronensaftes durch Wasser ersetzen.

x) keine Dosenerbsen nehmen

Tahinasauce
Salata tahina
(ostarabische Länder)

1 Tasse Tahina
2-4 EL Zitronensaft
1/4-1/2 TL gemahlener Kreuzkümmel
nach Geschmack: Chilipulver

Tahina ist der stark ölhaltige Rückstand, der bei der Herstellung von Sesamöl entsteht. Die dicke, beigefarbige Creme ist in Gläsern in türkischen Läden erhältlich. Oft hat sich der Rückstand abgesetzt und muß vor Gebrauch aufgerührt werden.
Für Tahinasauce, die fälschlicherweise oft mit Tahina selbst verwechselt wird, wird Wasser sowie Zitronensaft zugesetzt und verrührt. Tahina wird häufig mit viel Knoblauch als Sauce oder als Zutat zu Vorspeisen wie Hommus oder Babaganough verwendet.

◆ Tahina mit Zitronensaft, Kreuzkümmel und 1/4 bis 1/2 TL Salz vermischen. 125 ml Wasser unterrühren, wodurch die Tahina zunächst dicker wird. Weiter so viel Wasser zugießen, daß eine dickflüssige Creme entsteht. Gewürze nach Geschmack ergänzen, eventuell eine Prise Chilipulver zugeben. 30 Minuten ziehen lassen, damit sich der Geschmack entwickelt.
Eignet sich zu Kofta oder zu Fisch.

Wird Tahinasauce als eine Vorspeise unter vielen serviert, reicht die halbe Menge.

Varianten:

Tahinasauce mit Joghurt
Salata tahina bil zhabadi
(ostarabische Länder)

◆ Die Sauce zusätzlich mit einem Becher Joghurt vermischen. Nach Geschmack Knoblauchpaste (Seite 35) unterrühren.

Tahinasauce mit Petersilie
Salata tahina bil baqdunis
(ostarabische Länder)

◆ Der dickflüssigen Creme 1 Tasse gehackte Petersilie und Knoblauchpaste (Seite 35) hinzufügen, Gewürze nach Geschmack ergänzen und eventuell eine Prise Chilipulver zugeben. 30 Minuten ziehen lassen, damit sich der Geschmack entwickelt.

Auberginenpüree
Babaganough (Ägypten)

1 große Aubergine
2-5 EL Zitronensaft
1/2 Tasse Tahina oder mehr
2-4 Knoblauchzehen
Chilipulver und/oder gemahlener Kreuzkümmel

◆ Die Aubergine rundherum an mehreren Stellen einstechen, damit sie nicht platzt, und im Ofen bei 180° etwa 30 Minuten backen.
Unter fließendem Wasser abkühlen und schälen. Mit Zitronensaft, Tahina und Knoblauch im Mixer mahlen, bis eine cremige Masse entsteht. Mit Salz und Pfeffer abschmecken, wenn gewünscht, auch mit Chili und Kreuzkümmel.

Auberginenpüree hat immer einen leicht rauchigen Geschmack.

Brik mit Hackfleisch
Brik fil kuscha (Tunesien)

für 4 Personen

1 kleine, feingehackte Zwiebel
1 Knoblauchzehe
Öl
300 g Hackfleisch von Rind oder Lamm
1/4 TL gemahlener Kreuzkümmel
1 kleines Bund Petersilie
4 Brik-Blätter
4 kleine Eier

◆ Zwiebel und zerdrückten Knoblauch in heißem Öl anbraten. Hackfleisch mit 1/2 TL Salz, 1/4 TL Pfeffer und Kreuzkümmel zugeben und braun anbraten. Gehackte Petersilie untermischen.
Jedes Brik-Blatt zu einem Viereck falten. Hackfleischmischung auf einer Hälfte verteilen, ein Ei darüberschlagen. Zu einem Dreieck falten und zusammendrücken. In einer Pfanne von beiden Seiten in heißem Öl braten.
Abtropfen lassen und heiß servieren.

Gebratene Auberginen, Paprika und Zucchini
Badingan, filfil, kusa ma'ly (Ägypten)

2 Stunden Vorbereitungs- und Kochzeit

500 g kleine Auberginen
Öl zum Fritieren

für die Sauce:
5 Knoblauchzehen
2 EL Essig
nach Geschmack: gehackte Petersilie

◆ Die Auberginen schälen, in 1/2 bis 1 cm dicke Scheiben schneiden und in kaltem Salzwasser eine Stunde einweichen. Das Wasser ausdrücken. Sind die Auberginen groß, die Scheiben halbieren.
Für die Sauce zerdrückten Knoblauch mit je einer Prise Salz und Pfeffer sowie Essig vermischen. Wenn gewünscht, Petersilie hinzufügen.
In einem Topf oder einer Friteuse Öl erhitzen und die Auberginenscheiben darin hellbraun braten. Herausnehmen, das Öl gut abtropfen lassen. Auf einer Platte anrichten und mit der Sauce beträufeln. Mindestens 30 Minuten durchziehen lassen.

Variante:
Die Auberginen durch Paprika oder Zucchini ersetzen: Die Paprika längs vierteln oder in noch kleinere Streifen schneiden, die Zucchini leicht schräg in Scheiben schneiden oder kleinere Früchte längs aufschneiden.

Gefüllte Weinblätter
Warah inab
(ostarabische Länder)

frische oder konservierte
Weinblätter

für die Füllung:
1 Bund Petersilie
1 Bund Dill
1 kleines Bund Koriander
nach Geschmack:
1 kleines Bund frische
Minze
150 g Butterschmalz (Seite 33)
oder 2/3 Tasse Öl
4 gehackte Zwiebeln
2-4 Knoblauchzehen
1 TL Piment
500 g Hackfleisch von Rind
oder Lamm
2 Tassen Tomatenpüree
(Seite 36)
2/3 Tasse Öl
3 Tassen Reis (etwa 500 g)

für die Sauce:
2 Tassen Gemüsebrühe
2 EL Butter
nach Geschmack:
1/2 Zitrone (Saft)

◆ Die Weinblätter mit kaltem Wasser waschen und 5 Minuten in kochendes Salzwasser geben. Herausnehmen und abtropfen lassen.
Für die Füllung Kräuter hacken. In einer hohen Pfanne Butterschmalz erhitzen, Zwiebeln und die Hälfte des zerdrückten Knoblauchs darin anbraten. 2 TL Salz, 1 TL Pfeffer und Piment hinzufügen. Hackfleisch und Kräuter zugeben und schmoren, bis das Fleisch braun und die Flüssigkeit eingekocht ist.
Tomatenpüree, Öl sowie Reis hinzufügen und alles 10 Minuten kochen – der Reis soll noch nicht ganz weich sein. Vom Herd nehmen und abkühlen lassen.
Für die Sauce Brühe und Butter aufkochen. Auf den unteren Teil jedes Weinblattes 1/2 bis 1 EL Füllung legen, die Seiten darüberschlagen und das Blatt wie eine Zigarre zusammenrollen.
In einen großen Topf oder eine hohe Pfanne etwas Sauce geben, gefüllte Weinblätter hineinschichten und mit Sauce begießen. Zugedeckt etwa 45 Minuten köcheln. Oder Sauce und Weinblätter in eine feuerfeste Form schichten und alles im Ofen bei 180° etwa 45 Minuten schmoren. 5 Minuten vor Ende der Kochzeit nach Geschmack den restlichen zerdrückten Knoblauch mit Zitrone verrühren und über die Weinblätter geben.

Varianten:
▷ Die Weinblätter mit vegetarischer Füllung (Seite 90) zubereiten.
▷ Die Weinblätter mit einer anderen Gemüsesorte füllen.

Bstella-Blätter
Ouarka (Marokko)

2 Stunden Vorbereitungs- und Kochzeit
für 1 kg Bstella-Blätter

1 kg Weizenmehl
Öl

Die Bstella ist ein der spanischen Pastilla verwandtes Gericht, das zu besonderen Gelegenheiten zubereitet wird. Die Herstellung der hauchdünnen Blätter, die in Marokko Ouarka und in Tunesien Brik genannt werden, gehört zu den Künsten der nordafrikanischen Küche. Sie ist zeit- und arbeitsaufwendig und eine Sache für geübte Hände. Die Teigblätter werden auf einem großen, völlig glatten, umgedrehten Blech über dem Holzkohlengrill oder im Ofen gebacken, indem man den Teigkloß auf das Blech tupft. So entstehen – ähnlich wie Crêpes – hauchdünne Schichten, die vom Blech abgelöst und übereinandergeschichtet werden. Die Blätter werden mit Fleisch, Fisch oder Käse gefüllt, zu Teigtaschen gefaltet und in heißem Olivenöl gebacken. Auf den Märkten Nordafrikas werden fertige Teigblätter verkauft, auf die inzwischen viele Städter zurückgreifen. Bei uns bieten sich Brik-Blätter aus türkischen Läden dafür an. Sie können zu Rechtekken, Dreiecken oder Zylindern gefaltet werden. Ausgangspunkt ist immer ein Blatt von 15 mal 20 cm Größe. Beim Falten zu einem Rechteck werden die beiden langen Seiten nach innen geklappt, so daß ein 20 cm langer und 5 cm breiter Streifen entsteht. Er wird noch einmal an den kurzen Seiten gefaltet und zu einem Rechteck zusammengedrückt. Bei der zylindrischen Form geht man gleichermaßen vor, faltet den Streifen jedoch zum Schluß nicht, sondern rollt ihn. Ein Dreieck ergibt sich durch einfaches diagonales Übereinanderlegen.

Teigtaschen sind eine häufige und wegen der verschiedenartigen Füllungen abwechslungsreiche Vorspeise. Dafür eignen sich Hackfleisch und Fisch ebenso wie pikante Salate oder Käse. Teigtaschen werden als Vorspeisen oder kleine Mahlzeiten gegessen und besonders im Ramadan in unendlichen und schmackhaften Varianten angeboten.

◆ Mehl mit 1 TL Salz in eine Schüssel sieben. Nach und nach Wasser zugießen. Kneten, bis ein geschmeidiger Teig entsteht, der Luftblasen bildet. Die richtige Konsistenz des Teigs kann überprüft werden, indem man etwas Teig zwischen die Finger nimmt, ihn fallenläßt und versucht, ihn im Fallen wieder aufzufangen: Der Teig sollte der Bewegung der Hand folgen. Anschließend den Teig mehrmals fest auf den Tisch schlagen. Ist er weich und elastisch, ihn in eine Schüssel legen und mit wenig Wasser bedecken. Etwa eine Stunde ruhenlassen.
Holzkohle in einem runden Grill zum Glühen bringen und dann gleichmäßig verteilen — sie sollte eine mittlere Hitze ausstrahlen, die während der ganzen Backzeit konstant gehalten wird. Ein genügend großes rundes Kuchenblech, dessen äußere Seite vollständig glatt ist, umgekehrt darauflegen. Das Blech mit einem ölgetränktem Tuch reinigen. Dies immer dann wiederholen, wenn der Teig am Blech zu kleben beginnt.
Um ein Bstella-Blatt zu formen, die Hände anfeuchten und etwas Teig in die Hand nehmen. Das warme Blech mit diesem Teigkloß abtupfen, bis eine Fläche von etwa 30 cm Durchmesser mit einer dünnen Teigschicht überzogen ist. Das Bstella-Blatt vorsichtig – zu sich hin – vom Blech abziehen und auf eine Serviette legen, die glänzende Seite nach oben. Die folgenden Bstella-Blätter aufeinanderlegen, immer die glänzende Seite nach oben, damit die Blätter nicht zusammenkleben.
Die Bstella-Blätter zum Aufbewahren mit einer Serviette bedecken.

Variante:
Steht kein Holzkohlegrill zur Verfügung, das Kuchenblech über eine Gasflamme legen, notfalls auch auf eine Elektroplatte.

Trid
(Marokko)

4 Stunden Vorbereitungs- und Kochzeit
für 6-8 Personen

2 dünne Stangen Porree
1 Bund Petersilie
1 Bund Koriander
4 Knoblauchzehen
1 Suppenhuhn
grobes Salz
1¼ Tassen Öl
¾ TL Safran
¾ TL gemahlener Ingwer
8 Safranfäden
½ eingemachte Zitrone (Seite 34)
1 TL Butterschmalz (Seite 33)

für den Teig:
1 kg Weizenmehl
Öl

◆ Den Porree sehr fein schneiden. Petersilie und Koriander kleinschneiden, zerdrückten Knoblauch zugeben.
Das Huhn ausnehmen und waschen, alles Fett entfernen. Innen und außen gründlich mit grobem Salz einreiben und nochmals mit kaltem Wasser abspülen. Die Innereien waschen und zur Seite legen.
1 Tasse Öl in einen Dampfkochtopf geben. Mit ¼ TL Safran, dem Ingwer, ¾ TL Pfeffer und 3 TL grobem Salz würzen. Die Hälfte des Porrees, die Kräuter-Knoblauch-Mischung und Safranfäden zugeben. Alles im kalten Topf verrühren. Das Huhn mit der Hälfte dieser Masse füllen. Die Hinterbeine des Huhns feststecken, im Topf in Öl wenden und mit ½ TL Safran bestreuen. Das Innere der eingemachten Zitrone zugeben. Die Innereien – außer der Leber – in den Topf legen. Den Topf schütteln und das Huhn mit einer weiteren ¼ Tasse Öl begießen. Das Huhn von beiden Seiten anbraten. Nach 10 Minuten mit einer Gabel mehrmals gut einstechen. Mit 2 l Wasser ablöschen, den Dampfkochtopf schließen und erhitzen.
Nach einer Stunde öffnen, den restlichen Porree sowie die Leber zugeben. Wenn nötig, weiteres Wasser zugießen, und wieder schließen.
Währenddessen für den Teig in einer Schüssel 1 EL Salz in 2 Tassen Wasser auflösen. Das gesiebte Mehl nach und nach zugeben. Den Teig fest kneten. Weitere 2 Tassen Wasser hinzugießen und den Teig mit den Fäusten kneten. Sollte er zu zäh sein, weiteres Wasser zugeben. Beginnt der Teig langsam zu zerfließen, 1 EL Öl beifügen und weiterkneten. Den Teig 5 bis 10 Minuten ruhenlassen.
Den Teig in die Hand nehmen und 1 EL Öl in die Schüssel geben. Zwischen Daumen und Zeigefinger mandarinengroße Kugeln herauspressen. Die Teigkugeln im Öl flach drücken und auf einer Platte zur Seite legen. Zwischendurch die Teigstücke nochmals flach drücken.

In einem Schälchen genügend Öl bereitstellen. Eine möglichst große, flache Pfanne erhitzen und mit wenig Öl beträufeln. In eine flache Form etwas Öl gießen und darin die Teigstücke mit der Hand zu hauchdünnen Fladen auswalzen.
Nacheinander die Fladen in die Pfanne legen, recht schnell wenden, mit beiden Händen hochziehen und kurz in der Luft festhalten. Insgesamt jeweils zweimal wenden. Die Teigfladen sollten etwas Farbe bekommen und dürfen Löcher aufweisen. Zur Seite legen und mit einem Tuch zudecken. Wenn nötig, die Pfanne von neuem mit Öl beträufeln – sie sollte nicht zu heiß sein. Nach Bedarf die Finger in das Öl tauchen, um die Fladen besser flach drücken zu können.
Nach anderthalb Stunden den Dampfkochtopf öffnen. Das Butterschmalz zugeben und die Hühnerbrühe weiter köcheln. Währenddessen die dünnen Pfannkuchen in kleine Stücke zerreißen und auf eine große, tiefe Platte legen. Mit der Brühe begießen. In die Mitte der Platte das Huhn legen, die restliche Brühe darübergießen. Heiß servieren.

Varianten:
▷ Um zügiger arbeiten zu können, beim Backen der dünnen Pfannkuchen zwei flachgepreßte Teigkugeln mit etwas Öl beträufeln, aufeinanderlegen und zu dünnen Fladen flach drücken. Hat man diesen Doppelfladen von beiden Seiten kurz angebacken, lassen sich die Fladen trennen und hochziehen.
▷ Das Hühnerfleisch durch Hammelfleisch ersetzen.

Blätterteigtaschen mit Hackfleisch

Briouat maa kefta (Nordafrika)

für etwa 80 Stück

1 kg Bstella- (Seite 70) oder
Brik-Blätter
Öl

für die Füllung:
1 kg Hackfleisch vom Rind
2 gehackte Zwiebeln
1 Bund Petersilie
1 Bund Koriander
1 TL gemahlener Zimt
$1/2$ TL gemahlener Ingwer
Safran
$1/4$ Tasse Öl
12 Eier

◆ Für die Füllung Hackfleisch mit Zwiebeln, gehackter Petersilie und gehacktem Koriander vermischen. Mit Zimt, Ingwer, einer Prise Safran und Salz würzen. Alles gründlich umrühren und Öl zugießen. Die Mischung in einen Topf geben und bei schwacher Hitze unter ständigem Rühren köcheln, bis die Flüssigkeit vollständig eingekocht ist.

Die Eier schaumig schlagen und dem Fleisch zugeben. Einige Minuten unter ständigem Rühren weiterkochen. Vom Herd nehmen und erkalten lassen.

Die Bstella-Blätter auf eine Größe von 15 mal 20 cm zuschneiden. Ein Blatt mit der glänzenden Seite nach unten auf eine flache Oberfläche legen. 1 gehäuften TL Füllung auf dem Blatt verstreichen, so daß ein Abstand von 3 cm zum Rand bleibt. Das Blatt der Länge nach zweimal nach innen falten, so daß ein 20 cm langer und etwa 5 cm breiter Streifen entsteht. Diesen Streifen mehrmals falten, leicht zu einem Rechteck zusammendrücken und am Rand fest zusammenpressen. In ein Tuch eingewickelt bis zum Backen aufbewahren.

In einer Pfanne Öl erhitzen und die Blätterteigtaschen darin goldbraun backen. Gut abtropfen lassen und warm stellen.

Beilage: Zucker-Zimt-Gemisch

Blätterteigtaschen mit Spinat

Fatayer bil sabanekh (ostarabische Länder)

für etwa 20 Stück

500 g tiefgefrorener Blätterteig oder Brik-Blätter
Butter

für die Füllung:
500 g Spinat
1 großes Bund Petersilie
1 große, gehackte Zwiebel
2 Zitronen (Saft)
1/2 Tasse Olivenöl
nach Geschmack:
1 EL Essigbaumgewürz
100 g Pinienkerne

◆ Den Blätterteig wie angegeben auftauen lassen. Etwa 20 kleine Kugeln formen und zu dünnen Kreisen ausrollen.
Für die Füllung Spinat säubern, hacken und in eine Schüssel geben. Gehackte Petersilie, Zwiebel, Zitronensaft, Öl, Essigbaumgewürz, Salz und Pfeffer hinzufügen. Gut durchkneten und ruhenlassen.
Die Pinienkerne in etwas Öl goldbraun anbraten und zugeben. Etwas Füllung auf die Teigstücke streichen. An drei Seiten so umklappen, daß Dreiecke entstehen. Die Seiten gut zusammendrükken. Auf ein gefettetes Blech setzen und im auf 200° vorgeheizten Ofen 20 bis 25 Minuten goldbraun backen.
Herausnehmen und abkühlen lassen, mit etwas Butter bestreichen. Heiß oder kalt servieren.

Blätterteigtaschen mit Käse

Fatayer bil gibna (ostarabische Länder)

für etwa 20 Stück

500 g tiefgefrorener Blätterteig oder Brik-Blätter
Butter

für die Füllung:
250 g griechischer oder türkischer Schafskäse, möglichst bröselig
1 großes Bund Petersilie
1/2 feingehackte Zwiebel
Pfeffer

◆ Den Blätterteig wie angegeben auftauen lassen. Etwa 20 kleine Kugeln formen und zu dünnen Kreisen ausrollen.
Für die Füllung alle Zutaten miteinander vermischen. Etwas Füllung auf die Teigstücke streichen. An drei Seiten so umklappen, daß Dreiecke entstehen. Die Seiten gut zusammendrücken. Auf ein gefettetes Blech setzen und im auf 200° vorgeheizten Ofen 20 bis 25 Minuten goldbraun backen.
Herausnehmen und abkühlen lassen, mit etwas Butter bestreichen. Heiß oder kalt servieren.

Blätterteigtaschen mit Ziegenkäse

Briouat maa lformag dial maaza (Nordafrika)

für 50 Stück

500 g Bstella- (Seite 70) oder
 Brik-Blätter
Öl

für die Füllung:
800 g Ziegenkäse
2 Bund Petersilie
2 EL süßer Paprika
2 Eier

◆ Für die Füllung den Käse mit einer Gabel zerteilen und mit gehackter Petersilie vermischen. Mit Paprika und Salz würzen. Die Eier schaumig schlagen und unterrühren.
Die Bstella-Blätter auf eine Größe von 15 mal 20 cm zuschneiden. Ein Blatt mit der glänzenden Seite nach unten auf eine flache Oberfläche legen. 1 gehäuften TL Füllung auf dem Blatt verstreichen, so daß ein Abstand von 3 cm zum Rand bleibt. Das Blatt der Länge nach zweimal nach innen falten, so daß ein 20 cm langer und etwa 5 cm breiter Streifen entsteht. Diesen Streifen mehrmals falten, leicht zu einem Rechteck zusammendrücken und am Rand fest zusammenpressen. In ein Tuch eingewickelt bis zum Backen aufbewahren.
In einer Pfanne Öl erhitzen und die Blätterteigtaschen darin goldbraun backen. Gut abtropfen lassen und warm stellen.

Walnüsse mit rotem Pfeffer

Muhamra (Libanon)

100 g Walnüsse
100 g Pinienkerne
1 Lauchzwiebel
1 Knoblauchzehe
8 Radieschen
2 rote Chilis
2 EL Olivenöl
Chilipfeffer

◆ Walnüsse und Pinienkerne fein hacken oder im Mixer zerkleinern. Die Lauchzwiebel in sehr feine Scheiben schneiden. Knoblauch zerdrücken, Radieschen fein hacken, Chilis im Mörser zerstoßen. In einer Pfanne 1 EL Öl erhitzen und alles kurz anbraten. Die Nüsse zugeben und alles weitere 2 Minuten schwenken. Die Lauchzwiebel und das restliche Öl zufügen, kurz unterrühren und die Pfanne vom Herd nehmen. Mit Chilipfeffer und Salz würzen. In eine Schüssel füllen und abkühlen lassen.

Gemüse
Khodar

Die arabische Küche kennt zahllose variationsreiche Gemüsegerichte, da ein Großteil der Bevölkerung sich Fleisch nur selten leisten kann. Auf der Grundlage von Reis, Linsen, Bohnen und Zwiebeln, den billigsten Nahrungsmitteln, haben sich wohlschmeckende und nahrhafte Gerichte entwickelt.

Eine Fülle verschiedenster Gewürze und scharfer Saucen machen die Rezepte interessant und abwechslungsreich. Die zu jeder Jahreszeit angebotenen Gemüsesorten werden vielfältig und reizvoll miteinander kombiniert: Gemüsepfannen und vor allem Mahshi, gefüllte Gemüse, existieren in allen Variationen – und der eigenen Kreativität sind kaum Grenzen gesetzt.

Vegetarier kommen in arabischen Ländern auf ihre Kosten. Koschari besteht aus Reis, Nudeln und Linsen mit Tomaten- und scharfer Sauce. Sein Name ist mit dem hebräischen »koscher« verwandt. In der Fast-Food-Küche sind Falafel und Foul – gekochte Bohnen, das traditionelle Frühstück der Ägypter – inzwischen häufig vertreten.

Vegetarische Gerichte finden sich auch unter Vorspeisen und Salaten, ebenso in den Kapiteln Couscous und Tagine.

Dicke-Bohnen-Brei
Bessara (Nordafrika)

für 6 Personen

500 g getrocknete dicke Bohnen
2 Knoblauchzehen
2 TL süßer Paprika
1/2 TL Cayennepfeffer
1 TL gemahlener Kreuzkümmel

◆ Bohnen waschen, abtrocknen und mit den Knoblauchzehen in 1 1/2 l Wasser geben. Salzen, zum Kochen bringen und köcheln, dabei immer wieder umrühren.
Wenn die Bohnen gar sind, im Mixer pürieren. Wenn nötig, weiteres Wasser zugießen.
Vor dem Servieren wieder aufwärmen und auf einer vorgewärmten Platte anrichten. Die Gewürze miteinander vermischen und darüberstreuen.
Beilagen: Olivenöl, Zitronensaft, gehackte frische Kräuter

siehe unten

Weiße Bohnen
Fassolia beda (Syrien)

am Vortag beginnen
für 6 Personen

500 g getrocknete weiße Bohnen
2 Möhren
1 Gemüsezwiebel
Öl
2 Tassen Tomatenpüree (Seite 36)

◆ Die Bohnen waschen und über Nacht mit Wasser bedeckt einweichen. Am nächsten Tag abgießen und in einen Topf füllen, mit Wasser bedekken und zwei bis drei Stunden kochen.
Möhren in feine Scheiben schneiden oder grob raspeln, die Gemüsezwiebel grob hacken.
In einem zweiten Topf Öl erhitzen und die Zwiebel goldbraun braten. Möhren zugeben und 2 bis 3 Minuten anbraten. Tomatenpüree hinzufügen und kochen, bis alle Gemüse weich geworden ist.
Die Bohnen abgießen, das Kochwasser auffangen. Die Bohnen in die Sauce geben und alles weitere 15 Minuten kochen. Eventuell etwas Kochwasser zugießen.

anrichten wie oben

Kürbis mit Tomaten
Qar'a bil banadoura (Palästina)

für 6 Personen

1 kg Kürbis
1/3 Tasse Olivenöl
1 große, gehackte Zwiebel
3 große reife Tomaten
1/2 TL gemahlener Kreuzkümmel

◆ Den Kürbis in 3 bis 4 cm große Würfel schneiden. Öl erhitzen und die Zwiebel darin hellbraun anbraten. Den Kürbis zugeben und 10 Minuten unter Rühren braten.
Tomaten in kleine Würfel schneiden und zum Kürbis geben. 1 Tasse Wasser, Kreuzkümmel, Salz und Pfeffer beifügen, alles 20 bis 25 Minuten kochen.

Panierter Blumenkohl
Karnabit makli
(Ägypten)

für 4 Personen

1 Blumenkohl
Öl
Zitronensaft
1 Ei
Paniermehl
1 Bund Petersilie

◆ Den Blumenkohl in mittelgroße Röschen zerteilen und bißfest kochen. Aus dem Wasser nehmen und abtropfen lassen.
3 EL Öl mit Salz, Pfeffer und etwas Zitronensaft vermischen. Über die Blumenkohlröschen geben, gut vermischen und einziehen lassen.
Das geschlagene Ei und Paniermehl in zwei flache Teller füllen, die Röschen nacheinander darin wälzen. In einer Pfanne Öl erhitzen und die Röschen ausbraten. Abtropfen lassen.
Mit gehackter Petersilie bestreuen, heiß oder kalt servieren.

Variante:
Zucchini oder Auberginen, ohne zu kochen, wie beschrieben braten.

Linsen mit Reis
Mujadarah
(Palästina, Syrien)

6 Stunden einweichen
für 4 Personen

2 Tassen Linsen
2 Tassen Reis oder Burghul (Seite 33)
1-1½ TL gemahlener Kreuzkümmel
½ Tasse Öl
4-5 kleine Zwiebeln

◆ Die Linsen sechs Stunden einweichen. Mit 6 Tassen Wasser, Salz und Pfeffer bei mittlerer Hitze 10 Minuten kochen.
Reis und Kreuzkümmel zufügen und alles weitere 20 Minuten kochen, bis der Reis weich ist.
Öl erhitzen und die geviertelten Zwiebeln darin bräunen. Mit einem Schaumlöffel abschöpfen, abtropfen lassen und zur Seite legen.
Das Öl über die Linsen-Reis-Mischung gießen und unterrühren. Mit Zwiebeln garniert servieren.
Beilagen: Tomaten- oder Gurkensalat, Joghurt

Falafel, Tamiya
(Ägypten)

Falafel sind inzwischen auch bei uns bekannt und machen in manchen Städten den Döner Kebabs und Hamburgern starke Konkurrenz. Sie werden mit etwas Salat, Tahinasauce und einer scharfen Sauce in aufgeschnittenes arabisches Fladenbrot gefüllt und aus der Hand gegessen. In arabischen Ländern ißt man sie häufig auch als Vorspeise und bekommt sie in kleinen Schüsselchen mit Tahinasauce oder Hommus serviert.
Ursprünglich kommen Falafel aus Ägypten, sind aber in allen ostarabischen Ländern beliebt. Dort werden sie allerdings nicht aus Bohnen, sondern aus Kichererbsen zubereitet.

am Vortag beginnen
für etwa 60 Stück

500 g dicke, braune Bohnen (geschält und getrocknet)
2 Bund Petersilie
1 Bund Koriander
1 Bund Dill
1 Bund Lauchzwiebeln
2 kleine, feingehackte Zwiebeln
8-10 feingehackte Knoblauchzehen
1 TL gemahlener Kreuzkümmel
1/4 TL Chilipfeffer
1/2 TL Pfeffer
1 TL Backpulver
Sesamkörner
Öl zum Fritieren

◆ Die Bohnen über Nacht einweichen. Am nächsten Tag abtropfen lassen und durch einen Fleischwolf (feine Scheibe) drehen.
Die Kräuter fein hacken, die Lauchzwiebeln ebenfalls hacken, einen Teil des grünen Stengels mitverwenden. Bohnen mit Kräutern, Lauchzwiebeln, Zwiebeln und Knoblauch mischen und ein zweites Mal durch den Fleischwolf drehen.
Gewürze, Backpulver und 1 EL Salz zu der Mischung geben und gut durchkneten. Eine Stunde ziehen lassen.
Noch einmal durchkneten. Mit angefeuchteten Händen flache Bällchen von 3 bis 4 cm Durchmesser formen. Sesam in eine flache Schüssel füllen und die Falafel darin wälzen.
In einem Topf oder einer Friteuse Öl erhitzen und die Falafel darin goldbraun fritieren.

Variante:
Die Bohnen oder die Hälfte der Bohnen durch Kichererbsen ersetzen.

Foul medammes
(Ägypten)

am Vortag beginnen
für 6-8 Personen

500 g getrocknete braune
Bohnen
1-2 Tomaten
1 Zwiebel
125 g rote Linsen

nach Geschmack als Beigabe:
Tahinasauce (Seite 66)
Zitronensaft
Olivenöl
gehackte Zwiebeln
feingehackter Knoblauch
gemahlener Kreuzkümmel
Chilipfeffer
feingeschnittener grüner
Salat
kleingeschnittene Tomaten
gewürfelte Paprika

In Ägypten wird Foul zum Frühstück gegessen – eine nahrhafte und sättigende Mahlzeit, die für die ärmere Bevölkerung eine Grundlage für den ganzen Tag bildet. Schon morgens früh um sechs Uhr sind die ersten Verkäufer mit ihren Foultöpfen auf den Straßen zu sehen und verkaufen für wenige Pfennige ihre Portionen.
Die Bohnen werden die ganze Nacht bei schwacher Hitze gekocht und sind morgens fertig. Dafür werden Kupfertöpfe verwendet, die kleinere Dammassa oder die größere Qidra. Sie haben die Form einer griechischen Vase und sind mit einem festschließenden Deckel versehen, damit das Wasser nicht verdampfen kann. Die kleineren Töpfe werden in den Familien benutzt und kochen die Nacht über auf einer Spiritusflamme oder einer elektrischen Kochplatte, die sich nur auf 80° erhitzt. Die größeren Qidras, welche die Straßenhändler benutzen, werden traditionell in heißen Sand eingepackt, der in Glut erhitzt wurde. Der Sand hält während der Nacht genau die richtige Temperatur, um die Bohnen zu garen.
Foul wird aus kleinen Schüsseln gegessen oder in aufgeschnittene Fladenbrote gefüllt. Zu Foul gehören Tahinasauce, kleingewürfelter Salat, Gewürze, Öl und Zitronensaft. Das herzhafte Frühstück schmeckt selbstverständlich auch als Mittag- oder Abendessen. Von der langwierigen Kocherei sollte man sich nicht abschrecken lassen, es gibt auch eine einfachere Methode als die traditionelle.

◆ Die Bohnen über Nacht einweichen. Am nächsten Tag mit geviertelter Tomate, halbierter Zwiebel und Linsen in einem Topf mit etwa 2 l Wasser aufkochen. Die Temperatur verringern und bei mittlerer Hitze bis zu drei Stunden kochen – die Bohnen müssen weich sein und sich leicht zerdrücken lassen.
5 Minuten vor Ende der Kochzeit Tahinasauce, Zitronensaft, Olivenöl, Zwiebeln, Knoblauch, Kreuzkümmel, Chilipfeffer und Salz unterrühren. Jeder kann diese Zutaten auch selbst zusammenstellen und über seine Bohnen geben.

Salat, Tomaten oder Paprika über die Bohnen geben oder unterrühren oder getrennt reichen.

Kartoffeleintopf im Ofen

Batatis fil furn (ostarabische Länder, Ägypten)

2 Stunden Kochzeit
für 6 Personen

1 1/2 kg Kartoffeln
1/2 TL Piment
4 Zwiebeln
500 g Möhren
1 kg Tomaten
500 g Paprika
2-3 Tassen Tomatenpüree (Seite 36)
Öl

◆ Die Kartoffeln schälen und in 5 mm dicke Scheiben schneiden. 1 bis 2 TL Salz, 1 TL Pfeffer und Piment mischen, die Kartoffelscheiben darin wälzen. Zwiebeln, Möhren und Tomaten in Scheiben, Paprika in große Stücke schneiden.
In einen gefetteten Bräter schichtweise Kartoffeln, alle Gemüse, wieder Kartoffeln und zuletzt die Tomaten legen. Mit Tomatenpüree bedecken und mit etwas Öl begießen. Im Ofen bei 180° anderthalb bis zwei Stunden backen, bis die Kartoffeln weich sind.

Variante:
Fleisch in Stücke schneiden, anbraten und in die Bratenpfanne schichten.

Koscheri
(Ägypten)

10 Stunden Vorbereitungs- und Kochzeit
für 6-8 Personen

Koscheri ist eines der nahrhaftesten, wohlschmekkendsten und billigsten Gerichte in Ägypten. Es kostet nur ein paar Pfennige, ist als Mittagessen überaus beliebt, und breite Teile der Bevölkerung ernähren sich tagsüber davon. Zum Straßenbild in Kairo gehören neben zahlreichen Koscheri-Ständen auch Restaurants, in deren Küche der Neugierige einen Blick werfen kann.
Koscheri scheint für alle, die es noch nicht gegessen haben, wenig attraktiv zu sein. Es besteht aus Reis, Nudeln, Linsen, Kichererbsen, Tomatensauce und gebratenen Zwiebeln. Mit geübtem Schwung bekommt man die Zutaten aus großen Töpfen in einen tiefen Teller geschichtet und würzt sie je nach Geschmack mit viel oder wenig scharfer Sauce. Wie wohlschmeckend das Gericht ist, kann erst verstehen, wer es probiert hat. Koscheri herzustellen lohnt sich nur für viele Personen. Es eignet sich wunderbar für eine größere Einladung – der Erfolg ist sicher. Zu Koscheri schmecken ein gemischter Salat sowie fritierte Auberginen und Paprika.

Reis

Aus 2 Tassen Reis einfachen oder weißbraunen Reis zubereiten (Seite 95).

Nudeln

2 Tassen Nudeln kochen – sie sollten nur etwa 1 cm groß sein, damit sie sich gut mit den anderen Zutaten vermischen.

Linsen

1/4 Tasse Öl
1 kleine, gehackte Zwiebel
2 Tassen Linsen
1/4 Tasse Essig
gemahlener Kreuzkümmel

In einem Topf Öl erhitzen und die Zwiebel darin anbräunen. 4 Tassen Wasser, Linsen und Salz hinzufügen, aufkochen. Die Hitze verringern und die Linsen 30 bis 60 Minuten weich kochen – sie müssen ständig mit Wasser bedeckt sein, damit sie nicht anbrennen. Zuletzt Essig zugeben. Die weichen Linsen über einem Sieb abgießen und mit Pfeffer und Kreuzkümmel abschmecken.

Tomatensauce

4 EL Öl
4 Knoblauchzehen
4 feingehackte Zwiebeln
4 Tassen Tomatenpüree (Seite 36)
1 TL gemahlener Kreuzkümmel
Chilipfeffer

Öl erhitzen, zerdrückten Knoblauch und Zwiebeln darin anbräunen. Kurz köcheln, Tomatenpüree hinzufügen und kochen, bis die Sauce eine leicht bräunliche Färbung annimmt und eindickt. Mit Kreuzkümmel, Chilipfeffer und Salz abschmecken.

Zwiebeln

Butterschmalz (Seite 33) oder Öl
3 große Zwiebeln

Butterschmalz erhitzen und die Zwiebelringe darin goldbraun braten. Mit einem Schaumlöffel herausheben und abtropfen lassen.
Notfalls fertig gebratene Zwiebeln verwenden.

Kichererbsen

1 Tasse Kichererbsen
Backpulver
1 Tomate
1 Zwiebel

Die Kichererbsen mit einer Prise Backpulver acht Stunden in reichlich kaltem Wasser einweichen. In einem Topf mit Einweichwasser, ganzer Tomate und Zwiebel ein bis zwei Stunden kochen.

Scharfe Knoblauchsauce

6 große Knoblauchzehen
nach Geschmack:
1 Chili oder 1/2 TL Chilipfeffer
4 EL Öl
3 EL Essig
2 EL Zitrone
1/2 Tasse Gemüse- oder Rinderbrühe
1/2-1 TL gemahlener Kreuzkümmel

Den Knoblauch zerdrücken, die Chili im Mörser zerstampfen. Alle Zutaten in einem Topf unter Rühren erhitzen, bis die Sauce zu kochen beginnt. Abkühlen lassen und in eine Flasche füllen. Vor dem Würzen des Koscheris gut schütteln.

Gefüllte Auberginen
Imam bayildi
(ostarabische Länder)

für 4 Personen

4 Auberginen
Olivenöl
3 gehackte Zwiebeln
gemahlener Zimt
4 gehackte Knoblauchzehen
500 g Tomaten
1 Tasse Fleischbrühe
1 Tasse Reis
1 Bund Petersilie
1 Bund Dill
1/2 Tasse Pinienkerne
2 Becher Joghurt

für die Sauce:
1 Tasse Tomatenpüree (Seite 36)
1 Tasse Gemüsebrühe
2 EL Butter
1 Lorbeerblatt

◆ Die Auberginen längs halbieren und so aushöhlen, daß ein dicker Rand stehenbleibt. Das herausgeschälte Fruchtfleisch in kleine Stücke schneiden. Die Auberginenhälften in Salzwasser 30 Minuten einweichen. Herausnehmen und ausdrücken.
In einer Pfanne Öl erhitzen und die Zwiebeln darin goldbraun braten. Eine Prise Zimt, 1 TL Salz und 1/2 TL Pfeffer dazugeben, 2 Minuten mitbraten. Knoblauch, gehäutete und kleingeschnittene Tomaten sowie Auberginenstücke hinzufügen und kurz schwenken.
Zuletzt die Fleischbrühe mit dem Reis dazugeben und alles weitere 10 Minuten kochen, bis die Flüssigkeit aufgesogen ist. Petersilie und Dill hacken und unterrühren.
Für die Sauce alle Zutaten in einen Topf geben und kurz aufkochen. In eine feuerfeste Form gießen. Die Auberginenhälften mit der Mischung füllen, nebeneinander in die Form legen und im auf 200° vorgeheizten Ofen 30 bis 40 Minuten backen.
Die Pinienkerne in Öl hellbraun anbraten. Joghurt und Pinienkerne über die Auberginenhälften geben und servieren.

Variante:
Die Auberginen mit Hackfleisch zubereiten, das nach den Zwiebeln in der Pfanne angebraten wird.

◆ Die Auberginen in 2 cm dicke Scheiben schneiden und fünf Stunden in reichlich gesalzenes Wasser legen. Anschließend unter kaltem Wasser abspülen und ausdrücken.
In einer Pfanne Öl erhitzen und die Auberginenscheiben von beiden Seiten darin braten. Mit einem Schaumlöffel herausnehmen und das Öl abtropfen lassen, eventuell auf Küchenpapier legen.
Im restlichen Öl Zwiebeln und zerdrückten Knoblauch goldbraun anbraten. Die in Streifen geschnittene Paprika 3 bis 4 Minuten und die in Scheiben geschnittenen Tomaten kurz braten. Alles mit einem Schaumlöffel herausnehmen und abtropfen lassen. Wenn gewünscht, Pinienkerne in frischem Öl kurz golden anbraten.
In einen Topf oder einen Bräter schichtweise Auberginen, Zwiebeln, Tomaten, Paprika und Pinienkerne legen. Dies wiederholen, bis alle Zutaten aufgebraucht sind. Mit 1 Tasse Wasser übergießen und zugedeckt im auf 180° vorgeheizten Ofen 20 Minuten garen.

Moussaka
(ostarabische Länder, Ägypten)

6 Stunden Vorbereitungs- und Kochzeit
für 6-8 Personen

1 kg Auberginen
1/2 Tasse Olivenöl
500 g gehackte Zwiebeln
3 Knoblauchzehen
2 grüne Paprika
500 g Tomaten
nach Geschmack:
1/4-1/2 Tasse Pinienkerne

Gefülltes Gemüse

Mahshi (Rezepte aus verschiedenen arabischen Ländern)

Mahshi ist das Lieblingsgericht vieler Araber, mit dem Mütter die Söhne und Ehefrauen ihre Männer verwöhnen. Es ist relativ aufwendig in der Zubereitung, aber die Mühe lohnt sich, denn Mahshi ist – in seinen vielen verschiedenen Varianten – ein wohlschmeckendes Gericht, das sich auch für Einladungen eignet, da es aufgewärmt oder kalt gegessen werden kann. Es läßt sich am Vortag herstellen und sogar einfrieren.

In den arabischen Ländern werden fast alle Gemüsearten gefüllt, die etwas Volumen aufweisen, auch Artischocken, Zwiebeln und Kartoffeln gehören dazu. In den Rezepten werden nur diejenigen Sorten genannt, die sich leicht füllen und zubereiten lassen. Selbstverständlich werden auch ganze Lämmer und Lammschultern, Hühner, Tauben und anderes Geflügel, sogar Fleischbällchen gefüllt. Die Rezepte finden sich in den jeweiligen Kapiteln.

Kohlblätter

Am besten eignet sich ein Weißkohl, dessen Blätter nicht zu hart sind. In einem großen Topf Wasser erhitzen, 1 TL Salz und – wegen des Geruchs und der leichteren Verdauung – 1/2 TL Kreuzkümmel hineingeben.

Die äußeren Kohlblätter abschneiden, in das kochende Wasser legen und etwa 5 Minuten weich kochen. Herausnehmen und abtropfen lassen. Das Wasser erneut zum Kochen bringen und mit den übrigen Kohlblättern auf gleiche Weise verfahren.

Die harten Adern entfernen und die Blätter zu etwa 15 cm großen Quadraten schneiden. 1/2 bis 1 EL Füllung auf den unteren Teil eines Blattes legen, die Seiten darüberschlagen und das Blatt wie eine Zigarre zusammenrollen.

Weinblätter

Frische Weinblätter sind optimal; sind keine zur Hand, lassen sich auch konservierte verwenden. Mit kaltem Wasser waschen und 5 Minuten in kochendes Salzwasser geben. Danach ebenso verfahren wie mit den Kohlblättern.

Tomaten

Kleine bis mittelgroße, nicht zu weiche Tomaten verwenden. Den oberen Teil abschneiden und die Tomaten mit einem Löffel ausnehmen. Das Innere unter die Füllung mischen oder für die Sauce verwenden, in der die Mahshi schmoren. Den Deckel wieder auf die Tomaten setzen.

Zucchini

Am besten Zucchini von 8 cm Länge und 3 bis 4 cm Dicke verwenden. Kappen und Stielenden abschneiden und mit einem Apfelausstecher oder einem sehr kleinen Küchenmesser das Innere herausschälen – eine Arbeit, die Übung und Geschick verlangt. Zum Üben eignen sich größere Zucchini.

Paprika

Kleine bis mittelgroße, nicht zu dickwandige Paprika verwenden, die möglichst aufrecht im Topf stehen können. Den oberen Teil abschneiden und die Kerne entfernen. Die Füllung hineingeben und die Spitze wieder aufsetzen.

Vegetarische Füllung

für Kohl, Auberginen, Zucchini oder Weinblätter

1/2 Tasse Öl
4 gehackte Zwiebeln
2 Tassen Tomatenpüree (Seite 36)
1 Tasse gehackter Dill
1 Tasse gehackte Petersilie
2 Tassen Gemüsebrühe
3 Tassen Reis
1/4 TL gemahlener Kreuzkümmel
nach Geschmack:
2-4 Knoblauchzehen und 1/2 Zitrone (Saft)

für die Sauce:
1 gehackte Zwiebel
2 EL Butterschmalz (Seite 33)
2 Tassen Tomatenpüree
gemahlener Kreuzkümmel

◆ In einer hohen Pfanne Öl erhitzen und die Zwiebeln darin goldbraun anbraten. Tomatenpüree zufügen und kochen, bis es eine bräunliche Farbe annimmt. Die Kräuter zugeben und weiterkochen, bis die Mischung leicht eindickt.
Die Brühe mit Reis, Kreuzkümmel, 1 TL Salz und 1/2 TL Pfeffer in die Pfanne geben. Etwa 10 Minuten kochen, bis die Flüssigkeit aufgesogen und der Reis noch nicht ganz weich ist.
Für die Sauce die Zwiebel in Butterschmalz anbraten, Tomatenpüree, Kreuzkümmel, Salz und Pfeffer hinzufügen, alles 10 Minuten köcheln. Etwas Flüssigkeit in einen Topf oder eine hohe Pfanne gießen.
Das Gemüse mit der Mischung füllen und aufrecht oder geschichtet in den Topf geben. Mit der Sauce aufgießen und zugedeckt 45 Minuten köcheln. 5 Minuten vor Ende der Kochzeit zerdrückten Knoblauch mit Zitronensaft verrühren und über das Gemüse geben.
Statt des Topfes eine feuerfeste Form oder einen Bräter verwenden und alles im Ofen bei 180° etwa 45 Minuten schmoren.

Varianten:
▹ Für die Sauce kein Tomatenpüree verwenden, sondern gehäutete Tomaten achteln. Mit den Gewürzen zu den gebratenen Zwiebeln geben und kurz schwenken, bis sie weich werden. Auf den Boden des Topfes schichten und das gefüllte Gemüse hineinstellen. Zusätzlich mit etwas Gemüsebrühe aufgießen. Nicht auf dem Herd köcheln, sondern im Ofen schmoren.
▹ 10 Minuten vor Ende der Kochzeit gekochten Joghurt (Seite 35) über das Gemüse gießen.

◆ Für die Füllung die Kräuter hacken. In einer hohen Pfanne Öl erhitzen, Zwiebeln und zerdrückten Knoblauch darin goldbraun anbraten. 2 TL Salz, 1 TL Pfeffer und Piment hinzufügen und bräunen. Hackfleisch zugeben und braun anbraten.
Tomatenpüree und Kräuter zufügen, alles 5 Minuten köcheln. Butterschmalz sowie Reis hinzufügen und alles 10 Minuten köcheln – der Reis sollte noch nicht ganz weich sein. Vom Herd nehmen und abkühlen lassen.
Für die Sauce die Zwiebel in Butterschmalz anbraten. Tomatenpüree, Kreuzkümmel, 1/2 TL Salz und 1/2 TL Pfeffer hinzugeben, alles aufkochen. Die Hitze verringern und kochen, bis die Sauce eine bräunliche Farbe annimmt. Etwas Flüssigkeit in einen Topf oder eine hohe Pfanne gießen. Das Gemüse mit der Mischung füllen und aufrecht oder geschichtet in den Topf geben. Mit der Sauce aufgießen und zugedeckt 45 Minuten köcheln. 5 Minuten vor Ende der Kochzeit zerdrückten Knoblauch mit Zitronensaft verrühren und über das Gemüse geben.
Statt des Topfes eine feuerfeste Form oder einen Bräter verwenden und alles im Ofen bei 180° etwa 45 Minuten schmoren.

Varianten:
wie bei der vegetarischen Füllung (Seite 90)

Reis-Fleisch-Füllung mit Kräutern

für Gemüse nach Belieben

1 Bund Petersilie
1 Bund Dill
1 kleines Bund Koriander
1 kleines Bund frische Minze
Öl
4 gehackte Zwiebeln
3 Knoblauchzehen
1 TL Piment
500 g Hackfleisch von Rind oder Lamm
3 Tassen Tomatenpüree (Seite 36)
150 g Butterschmalz (Seite 33) oder 2/3 Tasse Öl
2 Tassen Reis

für die Sauce:
1 gehackte Zwiebel
2 EL Butterschmalz
2 Tassen Tomatenpüree oder Gemüsebrühe
1/4 TL gemahlener Kreuzkümmel
nach Geschmack:
2-4 Knoblauchzehen und 1/2 Zitrone (Saft)

Reis-Fleisch-Füllung mit Pinienkernen und Mandeln

für 1 kg Zucchini oder
kleine Paprika

4 EL Butterschmalz (Seite 33)
1 große, gehackte Zwiebel
500 g Hackfleisch von Rind
oder Lamm
bis zu 1/2 TL gemahlener
Zimt
1/4 TL Muskat
1 TL Piment
2 Tassen Reis
3 Tassen Gemüsebrühe
1/2-1 Tasse Pinienkerne oder
Mandeln

für die Sauce:
1 gehackte Zwiebel
1 EL Butterschmalz
2 Tassen Gemüsebrühe
1/2 TL gemahlener
Kreuzkümmel

◆ Für die Füllung in einer Pfanne 2 EL Butterschmalz erhitzen und die Zwiebel darin goldbraun anbraten. Hackfleisch zufügen und unter ständigem Wenden bräunen. Gewürze und 1 TL Salz untermischen, 2 bis 3 Minuten mitbraten. Reis und Brühe zugeben, alles 10 Minuten kochen.
Pinienkerne oder zerkleinerte Mandeln in 2 EL Butterschmalz kurz anbraten und hinzufügen.
Für die Sauce die Zwiebel in Butterschmalz anbraten. Brühe, Kreuzkümmel, 1/2 TL Salz und 1/2 TL Pfeffer hinzufügen, alles 10 Minuten kochen.
Das Gemüse mit der Mischung füllen und aufrecht oder geschichtet in den Topf geben. Mit der Sauce aufgießen und zugedeckt 45 Minuten köcheln.
Statt des Topfes eine feuerfeste Form oder einen Bräter verwenden und alles im Ofen bei 180° etwa 45 Minuten schmoren.

Variante:
10 Minuten vor Ende der Kochzeit gekochten Joghurt (Seite 35) über das Gemüse gießen.

Reis
Ruz

Reis ist ein Hauptbestandteil der arabischen Küche und fester Bestandteil fast aller warmen Mahlzeiten. Hierzulande gilt er – schlicht in Salzwasser gekocht – den meisten eher als langweilige und wenig interessante Beigabe. Ganz anders aber schmekken die arabischen Reiszubereitungen: Der Reis wird in Öl oder Butterschmalz angebraten und mit Gewürzen, Kräutern, Tomaten und Zwiebeln oder auch mit Pinienkernen, Nüssen und Rosinen zu einem phantasievollen Gericht.

Gewürzter Reis allein oder mit Hackfleisch ist eine schmackhafte Füllung für Gemüse oder auch Geflügel. Oft bildet Reis auch die Grundlage für eine vegetarische Mahlzeit, zum Beispiel Koscheri oder Mujaddarah, die unter den vegetarischen Gerichten zu finden sind.

Hier einige allgemeine Hinweise:

- *Reis hat in gekochtem Zustand etwa das dreifache Volumen. 1 Tasse roher Reis ergibt 2½ bis 3 Tassen gekochten Reis. Das entspricht etwa zwei Portionen.*
- *Der Topf, in dem der Reis gekocht wird, sollte einen dicken Boden haben, damit der Reis nicht anbrennt. Die Menge der zugegebenen Flüssigkeit hängt von dem verwendeten Reistyp ab. Reis mit harten, festen Körnern braucht mehr Wasser als Reis mit runden, weichen Körnern. Vom Volumen her nimmt man je Tasse Reis etwa 1½ Tassen Wasser.*
- *Den Reis zunächst im offenen Topf aufkochen, dann zudecken und die Hitze so weit verringern, daß er gerade noch köchelt. Auf einer elektrischen Kochplatte kann man notfalls ein isolierendes Sieb oder ähnliches zwischen Topf und Platte legen, bis sie weniger heiß ist.*
- *Im geschlossenen Topf bleibt Reis etwa eine Stunde heiß. Um kalten Reis wieder zu erwärmen, hängt man ihn in einem Sieb in einen Topf und erhitzt ihn über kochendem Wasser oder gibt etwas Wasser auf den Boden des Topfes und erhitzt ihn unter Rühren.*

Reis (Grundrezept)
Ruz (alle arabischen Länder)

für 4 Personen

2 EL Butterschmalz (Seite 33) oder Öl
2 Tassen Reis

◆ In einem Topf Butterschmalz stark erhitzen, Reis hineinschütten und unter ständigem Rühren bei starker Hitze 3 bis 4 Minuten anbraten.
3 Tassen Wasser mit ½ TL Salz zugießen und aufkochen. Den Topf verschließen, die Temperatur auf kleinste Stufe verringern und den Reis 15 bis 20 Minuten kochen.
Den Topf vom Herd nehmen, 10 Minuten ruhenlassen, den Reis mit einer Gabel auflockern.

Weißbrauner Reis
Ruz hab'a wa hab'a (Ägypten)

für 4 Personen

3 EL Butterschmalz (Seite 33) oder Öl
2 Tassen Reis

◆ In einem Topf 2 EL Butterschmalz erhitzen, 1 Tasse Reis hineinschütten und bei starker Hitze unter ständigem Umrühren braun anbraten.
Die Hitze verringern und 1 EL Butterschmalz hinzufügen. Den restlichen Reis zugeben und kurz schwenken, ohne daß er braun wird.
3 Tassen Wasser mit ½ TL Salz zugießen und aufkochen. Den Topf verschließen, die Temperatur auf kleinste Stufe verringern und den Reis 15 bis 20 Minuten kochen.
Den Topf vom Herd nehmen, 10 Minuten ruhenlassen, den Reis mit einer Gabel auflockern.

Gebackener Milchreis
Ruz mu'ammar (Ägypten)

2 Stunden Kochzeit

200 g Butter
200 g saure Sahne
2 Tassen Rundkornreis
3 Tassen warme Milch
Zucker
gemahlener Zimt

◆ Den Boden einer Steingutform mit Butter dick ausfetten. Saure Sahne auf den inneren Rand der Form streichen, den Reis in die Form schütten. Milch erwärmen, nach Geschmack Salz zufügen und über den Reis gießen. Die Form möglichst weit unten in den auf 220° vorgeheizten Ofen stellen und etwa zwei Stunden backen.
Zucker und Zimt mischen und über den Milchreis streuen.

Variante:
Mandeln oder Pinienkerne in Butter anbraten und über den Milchreis geben.

+ x) ca 1/2 c raisins + nuts mixed with dry rice

Reis mit Fadennudeln
Ruz bil sha' ariya (ostarabische Länder, Ägypten)

für 4 Personen

¾ Tasse feinste Nudeln (Faden, Sternchen)
4 EL Butterschmalz (Seite 33) oder Öl
2 Tassen Reis

◆ In einem Topf die Nudeln in Butterschmalz bei schwacher Hitze goldbraun anbraten, dabei ständig umrühren. Reis hineinschütten und kurz anbraten.
3½ Tassen Wasser mit ½ TL Salz zugießen und aufkochen. Den Topf verschließen, die Temperatur auf kleinste Stufe verringern und den Reis 15 bis 20 Minuten kochen.
Den Topf vom Herd nehmen, 10 Minuten ruhenlassen, den Reis mit einer Gabel auflockern.

Reis mit Nüssen und Rosinen
Ruz bil khalta (Libanon)

für 6 Personen

3½ Tassen Hühnerbrühe
4-5 EL Öl oder Butterschmalz (Seite 33)
3 Tassen Reis
2 EL Butterschmalz oder Öl
½ Tasse gehackte Nüsse oder Mandeln
¼ Tasse Pinienkerne
½ Tasse Rosinen

◆ In einem Topf etwas Öl erhitzen, den Reis hineinschütten und unter Rühren bräunen. Die heiße Brühe mit ¼ TL Salz darübergießen und aufkochen. Den Topf verschließen, die Temperatur auf kleinste Stufe verringern und den Reis 15 bis 20 Minuten kochen.
In einer Pfanne Butterschmalz erhitzen und die Nüsse darin bräunen. Pinienkerne zugeben und ebenfalls bräunen. Die Pfanne vom Herd nehmen.
Wenn der Reis gar ist, Nüsse und Rosinen unterheben und alles weitere 10 Minuten stehenlassen.

Variante:
Der Reis läßt sich zu einem vollwertigen Gericht erweitern, indem man 125 g Hackfleisch oder sechs bis acht kleingeschnittene Hühnerlebern zugibt. ½ große Zwiebel sehr fein hacken und mit dem Hackfleisch in demselben Öl braten wie die Nüsse, die zuvor abgeschöpft werden. Die Hühnerlebern 20 Minuten kochen, dann kleinschneiden. Fleisch und Leber mit den Nüssen mischen, die Hälfte der Mischung unter den Reis heben. Mit der zweiten Hälfte den Reis beim Servieren garnieren.

◆ In einem Topf Butterschmalz erhitzen und die Zwiebel darin goldbraun braten. Tomatenpüree zugeben, gut umrühren und kochen, bis die Masse bräunlich wird.
Dill und Petersilie zugeben und weiterkochen, bis die Sauce leicht eindickt.
Die Brühe mit je 1 TL Salz und Pfeffer zugießen, eventuell Kreuzkümmel beifügen, aufkochen. Den Topf verschließen, die Temperatur auf kleinste Stufe verringern und den Reis 15 bis 20 Minuten kochen.
Den Topf vom Herd nehmen, 10 Minuten ruhenlassen, den Reis mit einer Gabel auflockern.

Varianten:
▷ Nachdem die Zwiebel angebraten ist, 125 g Hackfleisch dazugeben – erst dann Tomatenpüree und Kräuter.
▷ Auf Petersilie und Dill verzichten.

Reis mit Petersilie, Zwiebeln und Tomaten
Ruz bil khudra
(Ägypten)

für 6 Personen

2 EL Butterschmalz (Seite 33) oder Öl
1 gehackte Zwiebel
2 Tassen Tomatenpüree (Seite 36)
1/2 Tasse gehackter Dill
1/2 Tasse gehackte Petersilie
2 1/2 Tassen Fleischbrühe oder Wasser
3 Tassen Reis
nach Geschmack:
1/2 TL gemahlener Kreuzkümmel

Couscous
K'seksu

Die Zubereitung von Couscous ist zwar einfach, aber recht zeitaufwendig, obwohl Couscous-Grieß inzwischen überall erhältlich ist und auch in Europa gekauft werden kann.
Der wichtigste Arbeitsvorgang ist das Dämpfen über einer Brühe. Zumeist handelt es sich um eine Hammel- oder Rindfleischbrühe, aber auch Hühner- oder Gemüsebrühen werden gerne benutzt; oft werden ihr Kichererbsen und Rosinen beigegeben. Safran verleiht der Brühe eine gelbe Farbe, süßer Paprika und Cayennepfeffer einen roten Ton.

Für die Zubereitung von Couscous ist ein Couscous-Kochtopf unerläßlich, der auf allen Märkten und in jedem Haushaltsgeschäft zu bekommen ist. Der »gsââ« genannte Topf besteht aus zwei Teilen und wird mit einem Deckel verschlossen. Der untere Teil ist groß und faßt mehrere Liter, der Boden des oberen besteht aus einem sehr feinen Sieb.

Damit der Grieß nicht zusammenklebt, muß er wiederholt aus dem oberen Teil des Topfes genommen und gelockert werden. Beim ersten Lockern wird Wasser unter den Grieß gespritzt, beim zweiten Lockern etwas Öl. Am Ende sollte er zu schrotkugelgroßen Kügelchen angeschwollen sein. Geschmack erhält der Couscous zum einen durch die Brühe, die sich im unteren Teil des Topfes befindet und in deren Dampf er gegart wird, zum anderen durch Fleisch und Sauce, mit der das fertige Gericht serviert wird.

Couscous wird auf zwei Arten angerichtet: Man häuft ihn auf einer Platte entweder zu einem spitzen Kegel auf, über den Sauce und Fleisch gegossen werden, oder ordnet ihn ringförmig an, wobei die Zutaten in die Mitte gegeben werden. Couscous wird traditionell mit der Hand gegessen, indem man aus Grieß und Sauce Bällchen formt.

Couscous (Grundrezept)

K'seksu (Nordafrika)

für 10 Personen

1 kg Couscous-Grieß
1 Tasse Öl
150 g Butter

◆ Grieß waschen und schnell abtropfen lassen. Mit der Hand auf einer großen Platte verteilen, um die Körner voneinander zu trennen.
Den Couscous-Kochtopf auf den Herd stellen. Den unteren Teil mit der Brühe des gewünschten Rezeptes füllen, in den oberen den Grieß geben. Die Brühe zum Kochen bringen. Wenn Dampf aus dem Topf tritt, den Grieß 30 Minuten dämpfen.
Den Grieß herausnehmen und wiederum auf der Platte verteilen. Mit etwas Öl und anschließend etwas Wasser anfeuchten und lockern, um die Körner voneinander zu trennen. Nach und nach das restliche Öl und insgesamt 1/2 l Wasser zugeben – Öl und Wasser sollten zum Schluß gleichmäßig verteilt sein. Den Grieß stehen lassen, bis das Wasser vollständig aufgesogen ist.
Den Grieß zum zweiten Mal in den oberen Teil des Topfes geben und die Brühe zum Kochen bringen. Sobald viel Dampf austritt, den Grieß erneut herausnehmen und auf der Platte verteilen. 1 EL Salz darüberstreuen und Butter in Flokken zufügen. Den Grieß lockern, um die Körner voneinander zu trennen und Butter und Salz gleichmäßig zu verteilen.
Den Grieß zum dritten Mal in den oberen Teil des Topfes geben und einige Minuten im Dampf der Brühe erwärmen. Vor dem Servieren nochmals lockern.

Kichererbsen-Couscous mit Rosinen

K'seksu maa homus oe zbib (Nordafrika)

am Vortag beginnen
für 10 Personen

1 kg Couscous-Grieß
1 Tasse Öl
150 g Butter

für die Brühe:
1 Tasse Kichererbsen
1 Huhn
1 1/2 kg Zwiebeln
150 g Butter
1/2 TL Safran
500 g Rosinen

◆ Die Kichererbsen über Nacht in reichlich kaltem Wasser einweichen.
Am nächsten Tag den Grieß waschen und schnell abtropfen lassen. Mit der Hand auf einer großen Platte verteilen, um die Körner voneinander zu trennen.
Für die Brühe 4 l Salzwasser in den unteren Teil eines Couscous-Kochtopfes geben. Huhn, Kichererbsen, zwei geviertelte Zwiebeln und Butter zufügen. Mit 1 EL Pfeffer und Safran würzen. Den Grieß in den oberen Teil des Topfes geben und die Brühe zum Kochen bringen. Wenn Dampf aus dem Topf tritt, den Grieß 30 Minuten dämpfen.
Den Grieß herausnehmen und wiederum auf der Platte verteilen. Mit etwas Öl und anschließend etwas Wasser anfeuchten und lockern, um die Körner voneinander zu trennen. Nach und nach das restliche Öl und insgesamt 1/2 l Wasser zugeben – Öl und Wasser sollten zum Schluß gleichmäßig verteilt sein. Den Grieß stehen lassen, bis das Wasser vollständig aufgesogen ist.
Den Grieß zum zweiten Mal in den oberen Teil des Topfes geben. Wenn nötig, der Brühe Wasser zugeben. Die Brühe zum Kochen bringen und den Grieß dämpfen. Sobald viel Dampf austritt, ihn erneut herausnehmen und auf der Platte verteilen. 1 EL Salz darüberstreuen und Butter in Flocken zufügen. Den Grieß lockern, um die Körner voneinander zu trennen und Butter und Salz gleichmäßig zu verteilen.
Das Huhn herausnehmen, sobald es gar ist. Die Brühe abschmecken. Wenn nötig, etwas einkochen. Zwiebeln in Stücke schneiden, Rosinen waschen und abtrocknen.

30 Minuten vor dem Servieren Zwiebeln und Rosinen in die Brühe geben. Den Grieß zum dritten Mal in den oberen Teil des Topfes geben und die Brühe zum Kochen bringen. Das Huhn in der Brühe aufwärmen.
Den Couscous aus dem Topf nehmen, nochmals lockern und kegelförmig auf einer Platte anrichten. Das Huhn in die Mitte legen. Kichererbsen, Zwiebeln und Rosinen darübergeben und mit genügend Brühe übergießen.

Variante:
Das Huhn durch 1 kg Hammelfleisch oder Kalbshaxe ersetzen.

Gemüse-Couscous
Bedaoui (Nordafrika)

am Vortag beginnen
für 10 Personen

1 kg Couscous-Grieß
1 Tasse Öl
150 g Butter

für die Brühe:
200 g Kichererbsen
150 g Butter
1 kg Rindfleisch
500 g gehackte Zwiebeln
1/2 TL Safran
1 Weißkohl
500 g Möhren
250 g weiße Rüben
250 g Auberginen
500 g Tomaten
2 Chilis
1 Bund Koriander
250 g Kürbis

◆ Die Kichererbsen über Nacht in reichlich kaltem Wasser einweichen.
Am nächsten Tag den Grieß waschen und schnell abtropfen lassen. Mit der Hand auf einer großen Platte verteilen, um die Körner voneinander zu trennen.
Für die Brühe Butter in den unteren Teil eines Couscous-Kochtopfes geben und erwärmen. Das Fleisch waschen, abtrocknen und in Stücke schneiden. Mit Kichererbsen und Zwiebeln der Butter hinzufügen. Mit 1 EL Pfeffer, Safran und 2 TL Salz würzen. Mit 3 l Wasser ablöschen, zudecken und 30 Minuten köcheln.
Anschließend den Grieß in den oberen Teil des Topfes geben und die Brühe köcheln. Wenn Dampf aus dem Topf tritt, den Grieß 30 Minuten dämpfen.
Währenddessen den Weißkohl zerteilen und in Stücke schneiden. Möhren schaben, Rüben schälen, beides in Streifen schneiden. Auberginen in Würfel schneiden, Tomaten vierteln. Den Grieß herausnehmen und wiederum auf der Platte verteilen. Mit etwas Öl und anschließend etwas Wasser anfeuchten und lockern, um die Körner voneinander zu trennen. Nach und nach das restliche Öl und insgesamt 1/2 l Wasser zugeben – Öl und Wasser sollten zum Schluß gleichmäßig verteilt sein. Den Grieß stehen lassen, bis das Wasser vollständig aufgesogen ist.
Etwas Brühe zur Seite stellen. Das vorbereitete Gemüse dem Fleisch zugeben und mit Chilis und gehacktem Koriander würzen. Etwa 3 l Wasser hinzugießen.

Den Grieß zum zweiten Mal in den oberen Teil des Topfes geben und die Brühe zum Kochen bringen. Währenddessen den Kürbis in Stücke schneiden und in der zur Seite gestellten Brühe garen.
Sobald viel Dampf austritt, den Grieß erneut herausnehmen und auf der Platte verteilen. 1 EL Salz darüberstreuen und Butter in Flocken zufügen. Den Grieß lockern, um die Körner voneinander zu trennen und Butter und Salz gleichmäßig zu verteilen.
Zum Servieren den Grieß ringförmig in einer Schüssel anrichten. Mit reichlich Brühe übergießen und Fleisch, Gemüse sowie den Kürbis in die Mitte des Couscous geben.

Rindfleisch-Gemüse-Couscous
K'seksu dial lchodra oe l'hem begri (Nordafrika)

für 8 Personen

500 g Couscous-Grieß
1/4 Tasse Öl
150 g Butter

für die Brühe:
1 Tasse Öl
1 kg Rindfleisch
2 Stangen Porree
4 Tomaten
1/4 Bund Petersilie
grobes Salz
1 TL gemahlener Ingwer
1/4 TL Safran
3 Safranfäden
1/2 TL gemahlener Zimt
1 1/2 Tassen Kichererbsen
1/4 Tasse Rosinen
1 kg Möhren
1 Weißkohl
1 kg weiße Rüben
500 g Kürbis
2 Zucchini
3 Paprika

◆ Grieß waschen und schnell abtropfen lassen. Mit der Hand auf einer großen Platte verteilen, um die Körner voneinander zu trennen. Zur Seite stellen.

Für die Brühe Öl in einen Dampfkochtopf geben und erhitzen. Das Fleisch waschen, abtrocknen und mit dem in 3 cm große Stücke geschnittenen Porree anbraten. Drei Tomaten häuten, kleinschneiden und zugeben. Petersilienblätter abzupfen und zufügen. Das Fleisch wenden und weiter anbraten. 1 TL Pfeffer und 1/4 Tasse grobes Salz zugeben. Mit Ingwer, Safran, Safranfäden und Zimt würzen. Die Kichererbsen dem Fleisch zugeben, das inzwischen Wasser gezogen hat. 1 1/2 l Wasser zugießen, so daß das Fleisch mit Flüssigkeit bedeckt ist. Den Dampfkochtopf schließen und alles 15 Minuten kochen.

Den Topf öffnen und das Gemüse zugeben. Den Topf erneut schließen und alles weitere 15 Minuten kochen.

Währenddessen Rosinen in Wasser einweichen. Möhren schaben und der Länge nach halbieren. Den holzigen Kern entfernen und die Möhren in 8 cm große Stücke schneiden. Den Weißkohl in Stücke schneiden, weiße Rüben je nach Größe halbieren oder vierteln. Den Dampfkochtopf öffnen und Weißkohl, Möhren und weiße Rüben zugeben. 1/4 l Wasser zugießen – das Fleisch sollte schwimmen, doch nicht mehr mit Wasser bedeckt sein. Den Topf schließen und alles erneut zum Kochen bringen.

Nach 15 Minuten Fleisch, Gemüse und die gesamte Brühe in den unteren Teil eines Couscous-Kochtopfes geben. Wasser zugießen, bis das Gemüse vollständig mit Flüssigkeit bedeckt ist. Den Grieß in den oberen Teil des Topfes geben und die Brühe zum Kochen bringen. Wenn Dampf aus dem Topf tritt, den Grieß 30 Minuten dämpfen.

Den Grieß herausnehmen und wiederum auf der Platte verteilen. Mit etwas Öl und anschließend etwas Wasser anfeuchten und lockern, um die Körner voneinander zu trennen. Nach und nach das restliche Öl und insgesamt 1/2 l Wasser zugeben – Öl und Wasser sollten zum Schluß gleichmäßig verteilt sein. Den Grieß stehen lassen, bis das Wasser vollständig aufgesogen ist.
Den in Stücke geschnittenen Kürbis, die geviertelten und in 5 cm lange Stücke geschnittenen Zucchini und die in Streifen geschnittene Paprika dem Fleisch zugeben. Eine Tomate kleinschneiden und hinzufügen. Den Grieß zum zweiten Mal in den oberen Teil des Topfes geben. Alles köcheln und den Grieß weitere 40 Minuten dämpfen.
Anschließend erneut herausnehmen und auf der Platte verteilen. 2 TL Salz darüberstreuen und Butter in Flocken zufügen. Den Grieß lockern, um die Körner voneinander zu trennen und Butter und Salz gleichmäßig zu verteilen. Die Rosinen im Einweichwasser auf den Herd stellen und 5 Minuten köcheln.
Kurz vor dem Servieren den Grieß zum dritten Mal in den oberen Teil des Topfes geben und einige Minuten im Dampf der Brühe erwärmen. Aus dem Topf nehmen, nochmals lockern und ringförmig in einer Schüssel anrichten. Das Gemüse vorsichtig aus der Brühe nehmen, gut abtropfen lassen und am inneren Rand des Couscous verteilen. Das Fleisch in die Mitte geben. So viel Brühe über das Gemüse und den Couscous gießen, daß dieser feucht, aber nicht naß ist. Zum Schluß die Rosinen über den Couscous und das Fleisch streuen.

Fisch-Couscous
K'seksu maa lhot (Nordafrika)

für 10 Personen

1 kg Couscous-Grieß
1 Tasse Öl
150 g Butter

für den Sud:
700 g Fisch
500 g frische Krabben ohne Schale
500 g frische Muscheln
200 g Huhn
1 Bund Petersilie

◆ Grieß waschen und schnell abtropfen lassen. Mit der Hand auf einer großen Platte verteilen, um die Körner voneinander zu trennen.
Für den Sud 2 l Salzwasser in den unteren Teil eines Couscous-Kochtopfes gießen und erhitzen. Den Fisch in kleine Stücke zerteilen und mit den gründlich gewaschenen Krabben, Muscheln und dem zerkleinerten Huhn hineingeben. Gehackte Petersilie hinzufügen, mit 1 TL Pfeffer würzen. Den Grieß in den oberen Teil des Topfes geben und den Sud zum Kochen bringen. Wenn Dampf aus dem Topf tritt, den Grieß 30 Minuten dämpfen.
Den Grieß herausnehmen und wiederum auf der Platte verteilen. Mit etwas Öl und anschließend etwas Wasser anfeuchten und lockern, um die Körner voneinander zu trennen. Nach und nach das restliche Öl und insgesamt 1/2 l Wasser zugeben – Öl und Wasser sollten zum Schluß gleichmäßig verteilt sein. Den Grieß stehen lassen, bis das Wasser vollständig aufgesogen ist.
Den Grieß zum zweiten Mal in den oberen Teil des Topfes geben. Wenn nötig, dem Fischsud weiteres Wasser zugeben. Den Sud zum Kochen bringen und den Grieß dämpfen. Sobald viel Dampf austritt, ihn erneut herausnehmen und auf der Platte verteilen. 1 EL Salz darüberstreuen und Butter in Flocken zufügen. Den Grieß lockern, um die Körner voneinander zu trennen und Butter und Salz gleichmäßig zu verteilen. Den Fischsud abschmecken.
Kurz vor dem Servieren den Grieß zum dritten Mal in den oberen Teil des Topfes geben und einige Minuten im Dampf des Fischsuds erwärmen. Aus dem Topf nehmen, nochmals lockern und ringförmig auf einer Platte anrichten. Mit reichlich Sud übergießen und Fisch, Krabben, Muscheln und Fleisch in die Mitte des Couscous geben.

Couscous-Füllung
K'seksu maa chlit
(Nordafrika)

1 kg Couscous-Grieß
1/4 Tasse Öl
1 EL gemahlener Zimt
1/2 TL gemahlener Ingwer
1/4 TL Safran
300 g Butter
400 g Rosinen
300 g geschälte Mandeln
150 g Puderzucker

◆ Grieß waschen und schnell abtropfen lassen. Mit der Hand auf einer großen Platte verteilen, um die Körner voneinander zu trennen.
Den Couscous-Kochtopf auf den Herd stellen. Den unteren Teil mit 4 l Wasser füllen, in den oberen den Grieß geben. Das Wasser erhitzen. Wenn Dampf aus dem Topf tritt, den Grieß 30 Minuten dämpfen.
Den Grieß herausnehmen und wiederum auf der Platte verteilen. Mit etwas Öl und anschließend etwas Wasser anfeuchten und lockern, um die Körner voneinander zu trennen. Nach und nach das restliche Öl und insgesamt 1/2 l Wasser zugeben – Öl und Wasser sollten zum Schluß gleichmäßig verteilt sein. Den Grieß stehen lassen, bis das Wasser vollständig aufgesogen ist.
Den Grieß zum zweiten Mal in den oberen Teil des Topfes geben und das Wasser zum Kochen bringen. Sobald viel Dampf austritt, den Grieß erneut herausnehmen und auf der Platte verteilen. 1 EL Salz, Zimt, Ingwer und Safran darüberstreuen und die Hälfte der Butter in Flocken zufügen. Den Grieß lockern, um die Körner voneinander zu trennen und Butter, Salz und Gewürze gleichmäßig zu verteilen.
Den Grieß zum dritten Mal in den oberen Teil des Topfes geben und die Rosinen hinzufügen. Das Wasser zum Kochen bringen. Währenddessen die Mandeln mahlen und in etwas Öl bräunen.
Sobald aus dem Topf viel Dampf tritt, den Grieß wieder herausnehmen und auf der Platte verteilen. Puderzucker und restliche Butter in Flocken darübergeben. Den Couscous wiederum lockern, um die Körner voneinander zu trennen und Butter und Puderzucker gleichmäßig zu verteilen. Mandeln darüberstreuen und gut verteilen. Erkalten lassen.
Die Füllung eignet sich für Hühner, Tauben und Fisch.

Fisch
Samak

Fast alle arabischen Staaten liegen am Meer und haben eine gemeinsame Küste von mehreren Tausend Kilometern. Das Mittelmeer, das Rote und das Arabische Meer bieten eine Fülle von unterschiedlichen Fischen. In den Küstengebieten, in denen Fisch täglich frisch zu haben war, entwickelte sich so eine vielfältige Fischküche. Aber auch Seen und Flüsse im Inland, zum Beispiel Euphrat, Nil und Jordan, verfügen über einen Fischreichtum, der den Menschen seit Jahrhunderten Nahrung bietet. Während Fleisch für viele Menschen höchstens einmal in der Woche erschwinglich ist, stellt Fisch häufig einen vergleichsweise billigen Eiweißlieferanten dar.

Die arabische Fischküche ist besonders für ihre verschiedenen Füllungen bekannt; der gefüllte Fisch wird meistens im Ofen gebacken. Die einfachste Zubereitung von Fisch besteht im Marinieren mit Zitrone und Braten in Öl, wie es die Fischer von alters her gewohnt sind. Er wird aber auch gerne mit verschiedenen Gemüsen wie Tomaten oder Zwiebeln und Saucen wie der beliebten Tahinasauce kombiniert.

Grundregel zum Garen:
Den Fisch an der dicksten Stelle messen. Pro Zentimeter 2 Minuten im Ofen bei 200° backen. Um zu prüfen, ob der Fisch gar ist, ihn an der dicksten Stelle mit der Gabel auseinanderdrücken – das Fleisch muß weiß sein und sich leicht von den Gräten lösen. Wenn mehrere Fische verwendet werden, möglichst gleich große aussuchen, damit sie gleichmäßig garen.

Fisch mit Koriander

Samak harrak bil kozbara (ostarabische Länder)

für 4 Personen

1 bratfertiger Fisch (Zander, Barsch, Dorade) von 1 kg
1/4 Tasse Mehl
1 TL gemahlener Kreuzkümmel
1 1/2 Tassen Olivenöl
Knoblauchpaste (Seite 35)
3 Tassen gehackter frischer Koriander
1 feingehackte Zwiebel
1/2 TL Chilipfeffer

◆ Den Fisch in einer Mischung aus Mehl, Kreuzkümmel und 1 TL Salz wälzen, bis er ganz bedeckt ist. In heißem Öl goldbraun braten. Aus der Pfanne nehmen und warm stellen.
Knoblauchpaste mit Koriander und Zwiebel mischen und in demselben Öl, in dem der Fisch gebraten wurde, kurz schwenken. Chilipfeffer zufügen und 5 Minuten köcheln. Die Mischung um den Fisch garnieren und servieren.

Variante:
Den Fisch häuten, entgräten und in kleine Stükke zerlegen. Die Koriander-Mischung über den Fisch geben, alles vorsichtig vermengen. Kalt mit 1/2 Tasse Zitronensaft servieren.

Fisch in Tschermila-Sauce

Lhot maa tschermila dial duaz (Nordafrika)

für 4 Personen

1 kg Fisch (Brasse, Barsch, Kabeljau)
Weizenmehl

für die Sauce:
3 EL Essig
1/8 l Öl
1/2 Bund Petersilie
1/2 Bund Koriander
5 gehackte Knoblauchzehen
1 EL gemahlener Kreuzkümmel
1 EL süßer Paprika
2 TL Cayennepfeffer

◆ Den Fisch ausnehmen und gründlich waschen. Für die Sauce das mit Essig vermischte Öl bei schwacher Hitze erwärmen. Gehackte Petersilie, gehackten Koriander und Knoblauch zugeben. Mit Kreuzkümmel, Paprika, Cayennepfeffer und Salz würzen. Etwa 5 Minuten köcheln.
Den Fisch mit der Hälfte der Sauce innen und außen einreiben. In etwas Mehl wenden, in eine mit Öl eingefettete feuerfeste Form legen und im auf 160° vorgeheizten Ofen etwa 35 Minuten braten.
Den Fisch auf einer Platte anrichten und mit der anderen Hälfte der Sauce übergießen. Heiß servieren.
Beilage: Zitronensaft

Fisch in Tomatensauce
Lhot maa matischa (Nordafrika)

8-10 Stunden Vorbereitungs- und Kochzeit
für 4 Personen

1 kg Fisch
1 kg Tomaten
2 TL Erdnußöl
1 gehackte Knoblauchzehe
1/2 TL gemahlener Ingwer
1/4 TL Safran
1/4 TL Cayennepfeffer
1/2 eingemachte Zitrone (Seite 34)
3 Oliven
1/4 Bund Petersilie
2 Möhren

für die Tchermila-Marinade:
3 EL Essig
1/8 l Öl
1/2 Bund Petersilie
1/2 Bund Koriander
5 gehackte Knoblauchzehen
1 EL gemahlener Kreuzkümmel
1 EL süßer Paprika
2 TL Cayennepfeffer

◆ Den Fisch ausnehmen und gründlich waschen. Für die Marinade das mit Essig vermischte Öl bei schwacher Hitze erwärmen. Gehackte Petersilie, gehackten Koriander und Knoblauch zugeben. Mit Kreuzkümmel, Paprika, Cayennepfeffer und Salz würzen. Etwa 5 Minuten köcheln. Den Fisch sechs bis acht Stunden in der Marinade einlegen und kühl stellen.
Die Tomaten häuten und in Stücke schneiden. Das Öl in einem Topf langsam erhitzen. Knoblauch leicht anbraten und die Tomaten zugeben. 2 EL Marinade hinzufügen, mit Ingwer, Safran, Cayennepfeffer und Salz würzen. Köcheln und immer wieder umrühren. Sind die Tomaten verkocht und ist ein Großteil des Wassers verdampft, die in kleine Stücke geschnittene eingemachte Zitrone, Oliven und gehackte Petersilie hinzugeben.
Die Möhren schaben und der Länge nach in Streifen schneiden. Die Streifen auf den Boden einer Tagine legen. Den Fisch aus der Marinade nehmen und hineingeben. Mit Marinade begießen und Tomatensauce darübergeben. Zudecken und kurz aufkochen.
In den auf 160° vorgeheizten Backofen stellen und etwa 45 Minuten köcheln. Heiß servieren.

Garnelen in Knoblauch-Paprika-Sauce
Qamrun (Nordafrika)

für 4 Personen

500 g Garnelen
50 g Butter
3 gehackte Knoblauchzehen
1/2 Bund Petersilie
2 TL süßer Paprika
1/4 TL Cayennepfeffer
1/4 TL gemahlener Kreuzkümmel

◆ Die Garnelen gründlich waschen und in reichlich kochendes Salzwasser geben. Nach 10 Minuten herausnehmen und schälen.
In einer Pfanne Butter zerlassen. Knoblauch darin leicht anbraten, gehackte Petersilie zugeben und dünsten. Mit Paprika, Cayennepfeffer und Kreuzkümmel würzen, mit etwas Salz abschmekken. Alles gut umrühren. Schließlich die Garnelen zugeben und alles etwa 10 Minuten köcheln, dabei immer wieder umrühren. Heiß servieren.
Beilage: geviertelte Zitronen

Fisch mit Gemüse im Ofen
Siniya batates bil samak (Ägypten)

1 1/2 kg Fischfilet
gemahlener Kreuzkümmel
2 große Zwiebeln
Öl
3 große Kartoffeln
3 Möhren
3 große Tomaten
2 Tassen Gemüsebrühe
2 EL Zitronensaft

◆ Den Fisch waschen, abtrocknen und in 10 cm große Stücke zerteilen, mit einer Mischung aus Salz, Pfeffer und Kreuzkümmel einreiben.
Zwiebelringe in Öl anbraten, die in dünne Scheiben geschnittenen Kartoffeln und Möhren zugeben und kurz braten.
Einen Bräter mit etwas Öl ausfetten und einen Teil der Gemüsemischung hineingeben. Den Fisch, den Rest der Gemüsemischung und zuletzt Tomatenscheiben daraufschichten. Mit Brühe und Zitronensaft übergießen.
Im auf 180° vorgeheizten Ofen 40 bis 60 Minuten backen, bis die Kartoffeln weich sind.

Goldbrasse mit Tomaten-Füllung

Lhot dhbi maammer maa matischa (Nordafrika)

für 4 Personen

1 kg Fisch
Öl
1 Paprika

für die Füllung:
250 g Tomaten
1 Paprika
1/2 Tasse Öl
2 gehackte Zwiebeln
2 gehackte Knoblauchzehen
50 g entkernte Oliven
1/4 eingemachte Zitrone (Seite 34)
1/2 Bund Petersilie
1/2 Bund Koriander
1/4 TL gemahlener Ingwer

◆ Für die Füllung Tomaten häuten und kleinschneiden, Paprika in Streifen schneiden. In einem Topf Öl erhitzen, Zwiebeln und Knoblauch darin goldbraun braten. Tomaten, Paprikastreifen, Oliven und die in Streifen geschnittene Zitrone zugeben und zum Kochen bringen. Gehackte Petersilie und gehackten Koriander hinzufügen, mit Ingwer und 1/2 TL Pfeffer würzen, mit Salz abschmecken. 20 Minuten bei mittlerer Hitze köcheln.
Währenddessen den Fisch ausnehmen und gründlich waschen. Die Hälfte der Füllung hineingeben und den Fisch mit hölzernen Zahnstochern verschließen. In eine mit Öl eingefettete feuerfeste Form legen und im auf 160° vorgeheizten Backofen etwa 45 Minuten braten.
Aus dem Ofen nehmen und auf einer vorgewärmten Platte anrichten. Die andere Hälfte der Füllung aufwärmen und über den Fisch geben. Die Paprika in Streifen schneiden, in etwas Öl kurz anbraten und den Fisch damit garnieren.

Gebratener Fisch
Samak makli (Ägypten)

für 6 Personen

1 Fisch (etwa 1 1/2 kg)
1 Tasse Zitronensaft
1 kleine, gehackte Zwiebel
1 Tasse Olivenöl
1 Tasse Tahina
1 TL gemahlener Koriander
8 feingehackte Knoblauchzehen
1/2 Tasse gehackte Walnüsse
1/2 TL Paprika
1/2 TL scharfer roter Pfeffer
1/2 Tasse Pinienkerne

◆ Den Fisch innen und außen mit 1 TL Salz und etwas Pfeffer abreiben, mit Zitronensaft beträufeln. Die Zwiebel in 2 EL Öl bräunen und zur Seite legen.
Tahina mit Zitronensaft, 1 Tasse Wasser und Salz anrühren. Auf mittlere Hitze bringen und unter ständigem Umrühren 5 bis 10 Minuten köcheln. Wenn sich Öl auf der Oberfläche absetzt, Zwiebel, Koriander, Knoblauch, Walnüsse, Paprika, roten Pfeffer und 1/2 TL schwarzen Pfeffer zugeben, weitere 2 Minuten kochen.
In einer Pfanne Öl erhitzen und den Fisch darin braten. Auf eine Platte legen und mit der Tahina-Mischung begießen. Die Pinienkerne im restlichen Öl bräunen und den Fisch damit garnieren.

Variante:
Den Fisch nicht braten, sondern in einen Bräter mit Olivenöl legen und im Ofen bei 200° backen. Anschließend mit der Tahinasauce übergießen.

Tintenfisch im Topf
Maraket subia (Tunesien)

am Vortag beginnen
für 4 Personen

100 g Kichererbsen
1 große, feingehackte Zwiebel
4 EL Öl
2 Tassen Tomatenpüree (Seite 36)
1/2 TL eingelegter Chilipfeffer (Seite 34)
800 g ausgenommene Tintenfische
1 Bund Petersilie
1/2 Bund Koriander

◆ Die Kichererbsen über Nacht in reichlich kaltem Wasser einweichen.
Am nächsten Tag in einer hohen Pfanne die Zwiebel in Öl anbraten. Tomatenpüree zugießen, mit Chilipfeffer, 1 TL Salz und 1/2 TL Pfeffer abschmecken. Die Kichererbsen und 1/2 l Wasser dazugeben.
Die Tintenfische in Ringe schneiden und in die Pfanne geben. Bei schwacher Hitze etwa eine Stunde weich köcheln.
Petersilie und Koriander hacken und hinzufügen, weitere 10 Minuten köcheln.

Gefüllter Fisch mit Tahinasauce
Samak bil tahina
(ostarabische Länder)

für 6 Personen

1 bratfertiger Fisch (Dorade, Barsch) von 1 1/2 kg
1 1/2 Tassen Olivenöl
3 gehackte Zwiebeln
1 große grüne Paprika
100 g Walnüsse
nach Geschmack:
bis zu 3 Knoblauchzehen
1 großes Bund Petersilie
2 TL scharfer roter Pfeffer
1 Zitrone

für die Sauce:
1 Tasse Tahina
1/2 Tasse Zitronensaft oder Wasser
gemahlener Kreuzkümmel

◆ Den Fisch innen und außen mit 2 TL Salz und einer Prise Pfeffer einreiben. 1 Tasse Öl in eine Bratform gießen, den Fisch darin wenden, 20 Minuten ruhenlassen.
Zwiebeln im restlichen Öl anbraten, kleingehackte Paprika, zerkleinerte Walnüsse und eventuell zerdrückten Knoblauch zugeben und 1 Minute braten. Einen Teil der gehackten Petersilie hinzufügen, mit Salz und rotem Pfeffer würzen. Den Fisch mit der Mischung füllen, mit Zahnstochern verschließen oder mit Garn umwickeln. In Backofen bei 200° je nach Größe 45 bis 60 Minuten braten.
Für die Sauce Tahina mit Zitronensaft, je einer Prise Kreuzkümmel und Pfeffer sowie 1 TL Salz verrühren.
Den Fisch mit Sauce übergießen, mit der restlichen gehackten Petersilie bestreuen und mit Zitronenscheiben servieren.

Geflügel
Tuyour

Im Verhältnis zu ihrer Futtermenge sind Hühner die effektivsten Eiweißlieferanten. In allen ärmeren Gegenden der Welt ist das Huhn deshalb das beliebteste und am häufigsten anzutreffende Nutztier. Abgesehen davon, daß es Eier legt und Federn liefert, kann es gebraten, gebacken oder als Suppe gekocht werden. Natürlich werden nicht nur Hühner, sondern auch andere Geflügel wie Truthahn, Gans, Ente, Wachtel oder Taube gerne gegessen. Die Rezepte für ihre Zubereitung entsprechen denen für Hühner und sind deshalb nicht gesondert aufgeführt.

Auch die arabische Küche kennt die verschiedensten Hühnergerichte. Typisch ist das gebratene oder gegrillte Huhn, das in Olivenöl, Zitronensaft und Knoblauch mariniert wird. Aufwendiger zuzubereiten ist gefülltes Geflügel, das hauptsächlich an Feiertagen gegessen wird. Die verschiedenen in der arabischen Küche üblichen Rezepte für Füllungen – mit Zwiebeln und Kräutern, Reis oder Burghul, Walnüssen und Pinienkernen – finden alle Verwendung. Zu Huhn wird am liebsten Reis gegessen, der nach arabischer Art unterschiedlich gewürzt wird.

Brathuhn mit Suppe

Dajaj maklia ma'a shorba (Nordafrika, Ägypten)

für 4 Personen

1 Huhn (1 1/2 kg)
2 Knoblauchzehen
3 Kartoffeln
2 Möhren
2 Zwiebeln
3 EL Öl
Hühnerbrühe
1 Bund Petersilie

Die Sitte, Hühner vor dem Braten zu kochen, stammt aus ländlichen Gegenden, wo die Tiere längere Zeit als Legehennen dienen. Würde das Fleisch der älteren Tiere gebraten, wäre es nicht mehr zart; so werden sie zuerst gekocht und anschließend gebraten. Die Methode bietet zudem den Vorteil einer zusätzlichen Hühnersuppe.

◆ Das Huhn waschen, in vier Teile zerlegen, salzen und pfeffern. 2 l Wasser zum Kochen bringen, Hühnerteile und geviertelten Knoblauch hineingeben und 30 Minuten kochen, bis das Fleisch fast weich ist.
Kartoffeln schälen und in dünne Scheiben schneiden, Möhren in Scheiben und Zwiebeln in Ringe schneiden. In einer Pfanne Öl erhitzen und Zwiebeln, anschließend Kartoffeln und Möhren darin anbraten.
Die Hühnerteile aus der Suppe schöpfen und auf einen Teller legen. Das Gemüse aus der Pfanne nehmen, in die Suppe geben und 15 Minuten kochen. Mit Brühe abschmecken.
Das Fleisch von den Knochen lösen, in die Pfanne legen und 5 Minuten braten. Wenn nötig, weiteres Öl hinzufügen.
Das Hühnerfleisch mit Petersilie garnieren und auf einer Platte servieren, die Suppe getrennt reichen.

Hühnerbrüste im Ofen
Dajaj fil furn (Syrien)

2 Stunden marinieren
für 6 Personen

1 kg Hühnerbrüste
oder -beine
2 EL Olivenöl
1/2 Tasse Zitronensaft
4 Knoblauchzehen
3-4 kleine Zwiebeln
2-3 grüne Paprika

◆ Hühnerbrüste in 4 cm große Stücke schneiden, Hühnerbeine ganz lassen.
In einer großen Schüssel Öl, Zitronensaft, zerdrückten Knoblauch, 1 1/2 TL Salz und 1/2 TL Pfeffer mischen. Die Hühnerteile hineinlegen und zwei Stunden im Kühlschrank marinieren.
Zwiebeln vierteln, Paprika in Scheiben schneiden. Abwechselnd mit den Hühnerteilen auf ein Backblech legen. Im auf 200° vorgeheizten Ofen etwa 30 Minuten braten, dabei einmal wenden.
Beilagen: Tahinasauce (Seite 66), Petersiliensalat (Seite 58) und Joghurt

Huhn in Reis
Dajaj bil ruz (Nordafrika)

2 Stunden Vorbereitungs- und Kochzeit
für 4-6 Personen

1 Huhn (etwa 1 1/2 kg)
1 Tasse Reis
2 gehackte Zwiebeln
1 große Tomate
1 1/2 Tassen Milch
1/2 TL Paprika
1/4 TL Safran
1 Lorbeerblatt
gehackte Petersilie

◆ Das Huhn waschen und in vier Teile zerlegen. Mit Salz und Pfeffer abreiben, in einen Topf legen, mit Wasser bedecken. Zum Kochen bringen, die Temperatur verringern und die Hühnerteile bei schwacher Hitze 20 bis 30 Minuten garen, bis sich das Fleisch leicht von den Knochen lösen läßt. Während des Kochens den Schaum abschöpfen.
Die Hühnerteile aus der Brühe nehmen und abkühlen lassen. Die Haut abziehen und in Stücke schneiden, das Fleisch von den Knochen lösen, beides zur Seite legen. Die Brühe durchseihen.
Den Reis waschen und im Sieb abtropfen lassen. Zwiebeln und Reis mischen und in eine ofenfeste Form geben. Die in Scheiben geschnittene Tomate darauflegen, die Hühnerteile darübergeben. Milch und 1 1/2 Tassen Hühnerbrühe mit Paprika, Safran, Lorbeerblatt, 1 bis 2 TL Salz und 1/2 TL Pfeffer mischen und über die Hühnerteile gießen. Die Form in den auf 150° vorgeheizten Ofen stellen und gut eine Stunde braten, bis der Reis alle Flüssigkeit aufgenommen hat und gar ist. Falls die Flüssigkeit vorher verdampft, weitere Brühe oder Milch zugießen – das Gericht darf nicht austrocknen, zu lange gebraten werden kann es nicht. Mit Petersilie garniert servieren.

Hühnchen in Tomatensauce
Dajaj bil banadoura (Libanon)

2 Stunden Vorbereitungs- und Kochzeit
für 4 Personen

1 Huhn (1 1/2 kg)
1/2 Tasse Olivenöl
2 grobgehackte Zwiebeln
2 Knoblauchzehen
3 große Tomaten oder 1 Dose Pizzatomaten
1/2 TL Kardamompulver
1/2 TL gemahlener Zimt
etwas Chilipfeffer
1 Zitrone (Saft)

◆ Das Huhn waschen, abtrocknen und in vier Teile zerlegen. In einer Kasserolle Öl erhitzen und die Hühnchenteile darin anbraten. Herausnehmen und zur Seite legen.
In demselben Öl Zwiebeln und Knoblauch anbraten, gehäutete und zerkleinerte Tomaten sowie 1 Tasse Wasser zugeben, gut umrühren. Salz, 1/2 TL Pfeffer und Gewürze hineinstreuen, alles zugedeckt 5 Minuten köcheln.
Die Hühnerteile wieder zufügen, Zitronensaft zugießen und bei schwacher Hitze zugedeckt eine Stunde garen.
Beilage: Reis

Hühnchen mit Knoblauch
Dajaj bil thoum (Irak)

für 4 Personen

1 Huhn
1 Tasse Mehl
Butterschmalz (Seite 33)
3 Knoblauchzehen
1 Zwiebel
1 Paprika
1 Tomate
3 Tassen Tomatenpüree (Seite 36)
1 1/2 TL Gewürzmischung (Koriander, Pfeffer, Kreuzkümmel)
1/4 TL Chilipfeffer
3 EL Zitronensaft

◆ Das Huhn in acht Teile zerlegen, waschen und abtrocknen. Mehl mit Pfeffer und Salz würzen, die Hühnerteile darin wälzen. In einer Pfanne mit Butterschmalz scharf anbraten, herausnehmen und zur Seite legen.
In demselben Fett zerdrückten Knoblauch, Zwiebelringe und die in Ringe geschnittene Paprika anbraten. Alles mit der zerkleinerten Tomate und den Hühnerteilen wenige Minuten bei schwacher Hitze schmoren.
Tomatenpüree zugeben und einmal aufkochen. Gewürze, Salz sowie Zitronensaft zugeben und 20 Minuten köcheln.
Beilage: Reis

Huhn mit Kichererbsen und Zwiebeln

Degag g'dra maa homus oe lbasla (Nordafrika)

am Vortag beginnen
für 4 Personen

1/2 Tasse Kichererbsen
1 Huhn
100 g Butter
600 g Zwiebeln
Safran
1/2 TL gemahlener Zimt
1/2 Bund Petersilie
1/4 Zitrone (Saft)

◆ Die Kichererbsen über Nacht in reichlich kaltem Wasser einweichen.
Am nächsten Tag das Huhn ausnehmen, gründlich waschen und in Stücke zerteilen. In einem Topf Butter zerlassen und das Fleisch kurz darin anbraten. Zwei Zwiebeln schälen und in Ringe schneiden, dem Fleisch zugeben und glasig dünsten. Die Kichererbsen aus dem Wasser nehmen und hinzufügen. Mit einer Prise Safran, dem Zimt, 1 TL Pfeffer und Salz würzen. Mit 1/4 l Wasser ablöschen und etwa 50 Minuten garen, bis sich die Haut leicht lösen läßt. Wenn nötig, weiteres Wasser zugießen.
Wenn das Fleisch gar ist, herausnehmen und warm stellen. Restliche Zwiebeln schälen, in Ringe schneiden und in die Sauce geben. Gehackte Petersilie hinzufügen. Köcheln, bis die Zwiebeln gar, aber noch fest sind. Abschmecken und vom Herd nehmen.
Zum Servieren das Fleisch nochmals in der Sauce erhitzen. Auf einer Platte anrichten, Kichererbsen und Zwiebeln mit der Sauce darübergeben, mit Zitronensaft beträufeln.

Variante:

Huhn mit Mandeln und Zwiebeln

Degag g'dra maa loz oe lbasla (Nordafrika)

Statt der Kichererbsen 125 g Mandeln verwenden. Die Petersilie durch einen halben Bund Koriander ersetzen. Zusätzlich mit einer gehackten Knoblauchzehe und einer halben Zimtstange würzen.

Huhn mit Oliven und Zitronen
Degag maa sitoun oe lhamed (Nordafrika)

für 4 Personen

1 Huhn
½ Tasse Öl
2 gehackte Zwiebeln
1 gehackte Knoblauchzehe
¼ Bund Petersilie
¼ Bund Koriander
½ TL gemahlener Ingwer
¼ TL süßer Paprika
1 Tasse grüne oder schwarze Oliven
1 eingemachte Zitrone (Seite 34)

◆ Das Huhn ausnehmen und gründlich waschen. Die Leber sorgfältig enthäuten, säubern, kurz waschen und zur Seite legen.
In einem Topf Öl erhitzen und das Huhn kurz darin anbraten. Zwiebeln und Knoblauch zugeben und dünsten, bis die Zwiebeln glasig sind. Gehackte Petersilie und gehackten Koriander hinzufügen, nochmals kurz dünsten. Die Leber in kleine Stücke schneiden und dem Huhn zugeben. Mit 1 l Wasser ablöschen, zum Kochen bringen. Mit Ingwer, Paprika und Salz würzen. Etwa 50 Minuten garen, bis sich die Haut leicht lösen läßt. Das Huhn herausnehmen und warm stellen. Der Sauce die Oliven zugeben und nochmals 5 Minuten köcheln.
Zum Servieren das Huhn auf einer Platte anrichten, mit Sauce übergießen und den in Streifen geschnittenen eingemachten Zitronen garnieren. Die Oliven um das Huhn legen.
Beilage: Reis oder Couscous (Seite 101)

Kreuzkümmel-Hähnchen
Degag maa kamoun (Nordafrika)

3 Stunden Vorbereitungs- und Kochzeit
für 4-6 Personen

2 Hähnchen
100 g gemahlener Kreuzkümmel
100 g Butter
3 gehackte Zwiebeln
½ TL gemahlener Ingwer
¼ TL Safran
1 Bund Petersilie
15 schwarze Oliven
2 eingemachte Zitronen (Seite 34)

◆ Den Kreuzkümmel eine Stunde in Wasser einweichen. Währenddessen die Hähnchen ausnehmen und gründlich waschen.
In einem Topf Butter zerlassen und die Hähnchen kurz darin anbraten. Zwiebeln zugeben und glasig dünsten. Mit ¾ l Wasser ablöschen, mit Ingwer, Safran und Salz würzen. Etwa 50 Minuten garen, bis die Hähnchen weich sind.
Eingeweichten Kreuzkümmel und gehackte Petersilie zugeben, alles weitere 5 bis 10 Minuten köcheln. Die Hähnchen herausnehmen, in eine feuerfeste Form legen und im auf 160° vorgeheizten Backofen goldbraun braten. Währenddessen die Sauce etwas einkochen.
Zum Servieren die Hähnchen zerteilen, auf einer Platte anrichten und mit der Sauce übergießen. Mit Oliven und in Streifen geschnittenen eingemachten Zitronen garnieren.

Huhn mit Pflaumen und Zwiebeln

Degag m'qalli maa lbrqoq oe lbasla (Nordafrika)

4-5 Stunden Vorbereitungs- und Kochzeit
für 4 Personen

2 Hühnchen
500 g Trockenpflaumen
100 g Butter
1 kg Zwiebeln
2 gehackte Knoblauchzehen
1/2 TL gemahlener Zimt
1 TL gemahlener Ingwer
1/4 TL Safran
1 Bund Petersilie
200 g geschälte Mandeln
Öl

◆ Die Pflaumen zwei bis drei Stunden in Wasser einlegen. Währenddessen die Hühnchen ausnehmen, in vier Teile zerlegen und gründlich waschen.
In einem Topf Butter zerlassen und eine gehackte Zwiebel darin goldbraun braten. Knoblauch zugeben, die Hühnerteile hinzufügen und kurz anbraten. Mit Zimt, Ingwer, Safran und Salz würzen. Mit 1 l Wasser ablöschen, zum Kochen bringen und etwa 40 Minuten kochen.
Die Pflaumen aus dem Wasser nehmen und etwa 5 Minuten in Salzwasser kochen. Die restlichen Zwiebeln schälen, aber nicht schneiden. Mit gehackter Petersilie den Hühnchen zugeben und alles weitere 15 Minuten köcheln.
Die Mandeln in Streifen schneiden. In einer Pfanne etwas Öl erwärmen und die Mandeln darin goldbraun braten.
Zum Servieren die Hühnerteile auf einer Platte kreisförmig anrichten, die Zwiebeln in die Mitte legen. Die Pflaumen aus dem Salzwasser schöpfen und darübergeben. Mit Mandeln bestreuen.

Huhn mit Couscous-Füllung

Degag maammer maa k'seksu oe chlit (Nordafrika)

für 4 Personen

1 Huhn
500 g Couscous-Füllung (Seite 109)
70 g Butter
1 Zwiebel
Safran
1/2 Zimtstange
2 TL gemahlener Zimt
2 EL Honig

◆ Das Huhn vorsichtig ausnehmen und gründlich waschen. Den Hals abschneiden, ohne jedoch die Haut zu verletzen. Außen und innen abtrocknen. Die Füllung wie beschrieben zubereiten. Das Huhn mit der Mischung füllen und zunähen.
In einem Topf Butter zerlassen, das Huhn hineingeben, die geriebene Zwiebel hinzufügen. Mit 1 TL Pfeffer, einer Prise Safran und Salz bestreuen. 1/4 l Wasser zugießen und die Zimtstange hinzufügen. Zudecken und etwa 50 Minuten garen, bis sich die Haut leicht lösen läßt. Gelegentlich wenden, ohne die Haut zu verletzen. Wenn nötig, weiteres Wasser zugießen.
Wenn das Huhn gar ist, herausnehmen und warm stellen. Der Sauce Zimt und Honig beifügen und köcheln, bis sie sämig ist. Das Huhn in eine feuerfeste Form geben und im auf 180° vorgeheizten Backofen leicht braun braten.
Auf einer Platte mit der restlichen Couscous-Füllung servieren.

Huhn mit Kräuter-Füllung

Degag maa lkoam oe chlit (Nordafrika)

2 Stunden Vorbereitungs- und Kochzeit
für 4 Personen

1 Huhn
500 g Kartoffeln
gemahlener Kreuzkümmel

für die Füllung:
5 Artischockenböden
1/2 Bund Petersilie
1/2 Bund Koriander
2 frische Minzeblätter
3 gehackte Knoblauchzehen
2 eingemachte Zitronen (Seite 34)

◆ Für die Füllung die Artischockenböden achteln und mit gehackten Kräutern und Knoblauch vermischen. Eingemachte Zitronen in feine Streifen schneiden und zugeben. Mit 1/2 TL Pfeffer und Salz würzen, alles nochmals gut vermischen.
Das Huhn ausnehmen und gründlich waschen. Kartoffeln schälen und vierteln. Das Huhn mit der Mischung füllen und zunähen, mit den Resten der Mischung von außen einstreichen. Mit den Kartoffeln in einen Topf geben und etwa eine Stunde dämpfen, bis sich die Haut leicht lösen läßt. Mit Salz abschmecken.
Zum Servieren die Kartoffeln auf einer Platte kreisförmig anrichten. Das Huhn in die Mitte legen, mit einer Mischung aus Salz und Kreuzkümmel bestreuen.

Gefülltes Huhn

Dajaj mahshi
(ostarabische Länder)

für 8 Personen

2 Hühnchen (je 1 kg)

für die Füllung:
1/2 Tasse Pinienkerne
100 g Butterschmalz (Seite 33)
1/2 Tasse Pistazien
250 g Hackfleisch von Rind oder Lamm
1/2 TL gemahlener Zimt
1/2 TL Pfeffer
1/4 TL Safran
1/4 TL Kardamompulver
1 Tasse Reis
1 Lorbeerblatt
1 EL Mehl
Petersilie

◆ Für die Füllung die Pinienkerne in Butterschmalz bei mittlerer Hitze anbraten. Vom Herd nehmen, Pistazien zufügen und kurz schwenken. Pinienkerne und Pistazien aus dem Fett heben und zur Seite legen.
Das Hackfleisch in demselben Fett anbraten. 1 TL Salz und die Hälfte der Gewürze darüberstreuen. Das Fleisch 5 Minuten braten, 2 Tassen Wasser zugießen. Reis waschen und zum Fleisch geben, umrühren und bei schwacher Hitze 25 Minuten köcheln.
Die Hühnchen waschen, abtrocknen und mit den restlichen Gewürzen innen und außen einreiben. Die Reis-Fleisch-Mischung mit Pinienkernen und Pistazien verrühren, die Hühnchen damit füllen und zunähen. In einen großen Topf legen, 3 Tassen Wasser zugießen, das Lorbeerblatt beifügen. Wenn das Wasser kocht, den Schaum abschöpfen und etwas Salz zugeben. Bei schwacher Hitze 40 Minuten kochen.
Aus der Hühnerbrühe nehmen, in eine gefettete Bratform legen und im auf 200° vorgeheizten Ofen 15 Minuten braun braten.
Mehl in etwas Wasser rühren, zur Brühe geben und unter Rühren andicken. Die Hühnchen mit Petersilie garnieren und auf einer Platte anrichten. Die Sauce getrennt reichen.
Beilage: Reis

Variante:
Die Füllung kann für jedes Geflügel verwendet werden.

In einem Dorf bei Oumnast.
Ein Beduinen-Mädchen backt Brot.

Markt von Ourika

oben: Gewürzstand mit Kreuzkümmel, Safran und verschiedenen Paprikasorten

links: Salz in der Tragetasche eines Esels

unten: *Suq* in Marrakesch. Gewürze

Ente mit Spinatfüllung
L'wesa maa lfjil (Nordafrika)

für 4-6 Personen

2 große Enten
Butter

für die Füllung:
1 kg Blattspinat
1 Bund Petersilie
1 Bund Koriander
2 EL Crème fraîche

◆ Die Enten ausnehmen und gründlich waschen. Die Leber sorgfältig enthäuten, säubern, kurz waschen und zur Seite legen.
Für die Füllung den Spinat in Salzwasser garen und anschließend im Mixer pürieren. In eine Schüssel geben, gehackte Petersilie und gehackten Koriander hinzufügen, alles gut vermischen. Die Leber in kleine Stücke schneiden und zugeben. Crème fraîche unterrühren, mit 1 EL Pfeffer und Salz würzen.
Die Enten mit Spinat füllen und gut verschließen. In eine mit Butter eingefettete Form legen, den restlichen Spinat dazugeben. Im auf 180° vorgeheizten Backofen etwa 50 Minuten braten, dabei gelegentlich mit Sauce übergießen.
Zum Servieren die Enten auf einer Platte anrichten, die restliche Sauce darüber verteilen.
Beilage: Salate

Gefüllter Truthahn
Diek roumi mahshi (Ägypten)

6-7 Stunden Vorbereitungs- und Kochzeit
für 8 Personen

1 Truthahn (etwa 4 kg)
Füllung (Seite 128) mit mindestens 2 Tassen Reis
2 EL Butter
1/2 TL gemahlener Zimt
1/2 TL Muskat

◆ Den Truthahn mit kaltem Wasser waschen und abtrocknen. Die Füllung wie beschrieben zubereiten.
Den Truthahn mit der Mischung füllen und zunähen, die Beine zusammenbinden. Butter zerlassen und den Truthahn damit bestreichen. Von allen Seiten salzen und pfeffern, mit Zimt und Muskat bestreuen.
Den Truthahn mit der Brust nach oben auf ein Backblech legen und mit Alufolie lose bedecken. Im auf 160° vorgeheizten Ofen vier bis viereinhalb Stunden braten.
Herausnehmen und 20 Minuten an einem warmen Ort ruhenlassen. Anschneiden, die Füllung als Beigabe reichen.
Beilage: Reis mit Zimt und Muskat oder mit Pinienkernen

Rebhuhn in Zitrone
Degag maa lhamed
(Nordafrika)

für 4-6 Personen

4 Rebhühner
1 Tasse Öl
4 gehackte Zwiebeln
10 gehackte Knoblauchzehen
1 Bund Petersilie
1 Bund Koriander
1/2 TL gemahlener Kreuzkümmel
1/2 TL gemahlener Ingwer
1/4 TL Safran
10 eingemachte Zitronen (Seite 34)

◆ In einem Topf Öl erhitzen und die Rebhühner kurz darin anbraten. Zwiebeln und Knoblauch zugeben und dünsten. Gehackte Petersilie und gehackten Koriander hinzufügen, mit 1 1/2 l Wasser ablöschen. Mit 1/2 TL Pfeffer, Kreuzkümmel, Ingwer und Safran würzen, mit Salz abschmecken. Etwa 50 Minuten kochen, bis die Rebhühner gar sind und sich die Haut leicht lösen läßt.
Die in kleine Stücke geschnittene Schale der eingemachten Zitronen den Rebhühnern zugeben und einige weitere Minuten kochen.
Die Rebhühner aus der Sauce nehmen und warm stellen. Die Sauce einkochen, bis sie dickflüssig ist.
Zum Servieren die Rebhühner auf einer Platte anrichten und mit der Sauce übergießen.
Beilage: Pommes frites

Fleisch
Lahm

Fleischgerichte sind für die meisten Menschen in der arabischen Welt kein alltägliches Essen, viele können sich nicht einmal an einem Tag in der Woche ein Stück leisten. Fleisch ist kostbar und wird deshalb selten als Braten, Kotelett oder Steak zubereitet, sondern als Ragout, Eintopf oder in Form von Hackfleisch. So sind sparsame Gerichte entstanden, bei denen relativ wenig Fleisch verwendet wird. Sie sind aber um so schmackhafter und abwechslungsreicher, da sie mit viel Gemüse gekocht werden und an Kräutern und Gewürzen, wie in der arabischen Küche üblich, nicht gespart wird.

Am liebsten essen die Araber Lammfleisch, auch Rind- und Kalbfleisch sind beliebt. Schweinefleisch ist aus religiösen Gründen verboten, eine Norm, die so verbreitet ist, daß es auch christlichen Arabern nicht schmeckt. Bei religiösen Festen und familiären Feierlichkeiten wie Hochzeiten und Geburten werden oft ganze Lämmer gegrillt, meist gefüllt mit köstlichen Mischungen aus Hackfleisch, Reis, Nüssen und Gewürzen. Das Fest des Lamms ist das Opferfest, Aid al Adha, vierzig Tage nach Ende des Ramadan, wo jede Familie, die es sich leisten kann, ein üppiges Lammessen vorbereitet. Das beste Fleisch wird, mariniert und in Würfel geschnitten, für Shish Kebab verwendet. Diese Fleischspieße werden aber eher im Restaurant als zu Hause gegessen.

Beduinische Fleischpfanne
Kebse
(arabische Halbinsel)

für 6 Personen

1 kg Lamm- oder Rindfleisch
4 EL Butterschmalz (Seite 33)
6 grobgehackte Zwiebeln
6 Knoblauchzehen
2 Tassen Tomatenpüree (Seite 36)
3 Tassen Reis
6 Tassen Fleischbrühe
1/4 TL Chilipfeffer
1/2 TL Paprika
1/2 TL gemahlener Kreuzkümmel

◆ Das Fleisch in 2 cm große Stücke schneiden. In einem großen Topf Butterschmalz erhitzen, Zwiebeln und zerdrückten Knoblauch darin anbraten. Fleischstücke ebenfalls anbraten, mit Tomatenpüree ablöschen und 5 Minuten schmoren.
Reis in einem Sieb waschen, zugeben und kurz anbraten. Die Brühe zugießen, mit Gewürzen, 1 bis 2 TL Salz und 1/2 TL Pfeffer abschmecken. Kochen, bis Fleisch und Reis weich sind und die gesamte Flüssigkeit eingekocht ist.
Nach Beduinenart auf ein großes Blech stürzen und mit den Händen essen. Der Reis muß so klebrig sein, daß man kleine Bällchen aus der Masse formen kann.

Rindfleisch mit grünen Bohnen
Lubia bil lahm
(Ägypten)

für 4-6 Personen

500 g Rindfleisch
1 kg grüne Bohnen
3 EL Butter oder Pflanzenöl
1 gehackte Zwiebel
1-2 Tassen Fleischbrühe
1/2 Tasse Tomatenpüree (Seite 36)
1/4 TL gemahlener Zimt

◆ Das Rindfleisch in 2 bis 3 cm große Würfel schneiden. Die Bohnen säubern und in 5 cm lange Stücke schneiden, waschen und abtropfen lassen.
In einer Pfanne Butter erhitzen und die Fleischwürfel darin anbraten. Die Zwiebel mitbraten, bis sie weich ist. Bohnen zugeben, kurz schwenken und mit Brühe bedecken. 40 bis 50 Minuten kochen, bis Bohnen und Fleisch weich sind.
Tomatenpüree, 1 1/2 TL Salz, 1/4 TL Pfeffer sowie Zimt zufügen und alles weitere 10 bis 15 Minuten kochen.
Beilage: Reis

Fleischspieße
Shish kebab
(alle arabischen Länder)

2 Stunden marinieren
für 6 Personen

1 1/2 kg Lammfleisch
aus der Keule
6 kleine Zwiebeln
3 grüne Paprika
250 g Cocktailtomaten

für die Marinade:
Olivenöl
3 EL Zitronensaft
4 zerdrückte Knoblauchzehen
nach Geschmack:
Pfeffer, Salz und Chilipfeffer, Thymian und andere Würzkräuter

◆ Das Fleisch in 2 cm große Würfel schneiden. Für die Marinade alle Zutaten miteinander vermischen und das Fleisch zwei Stunden im Kühlschrank darin einlegen.
Zwiebeln und Paprika vierteln. Die Fleischwürfel abwechselnd mit Zwiebeln, Paprika und Tomaten auf Spieße stecken.
Den Grill vorheizen und die Spieße über Holzkohle oder auf einem Blech im Ofen grillen, bis das Fleisch von allen Seiten braun geworden ist.
Nach arabischer Sitte das Fleisch mit Stücken von Fladenbrot von den Spießen nehmen.
Beilagen: Tahinasauce (Seite 66), Hommus und Petersiliensalat (Seite 58)

Hammelbraten
Ghalmi m'hammer
(Nordafrika)

3 Stunden Vorbereitungs- und Kochzeit
für 4 Personen

1 kg Hammelfleisch
Butter
300 g gehackte Zwiebeln
4 Knoblauchzehen
1/2 Bund Koriander
Safran
1/4 TL gemahlener Ingwer
1/2 TL süßer Paprika

◆ In einem Topf 75 g Butter zerlassen und das Fleisch kurz darin anbraten. Zwiebeln sowie zerdrückten Knoblauch hinzufügen und kurz dünsten. Mit 1/2 l Wasser ablöschen und zum Kochen bringen. Das Bund Koriander zugeben, mit 1 TL Pfeffer, einer Prise Safran, Ingwer, Paprika und Salz würzen. Etwa zwei Stunden garen, bis das Fleisch sich leicht vom Knochen lösen läßt.
Das Fleisch aus dem Topf nehmen und warm stellen, den Koriander entfernen. Die Sauce einkochen, bis sie sämig ist.
Vor dem Servieren in einer Pfanne 75 g Butter erhitzen und das Fleisch darin von allen Seiten gut anbraten. Den Braten auf einer Platte anrichten. Die Sauce erwärmen und 2 EL Butter hinzufügen. Umrühren und über das Fleisch gießen.

Hammel in karamelisierter Sauce

Meqfoul (Nordafrika)

3 Stunden Vorbereitungs- und Kochzeit
für 4 Personen

1 kg Hammelfleisch
1/4 l Öl
1 kg Zwiebeln
1/2 Bund Koriander
1/2 TL gemahlener Ingwer
1/4 TL gemahlener Kreuzkümmel
Safran
2 Zimtstangen
700 g Kartoffeln
700 g Paprika
1 kg Tomaten
3 EL Zucker
1/2 TL gemahlener Zimt

◆ Das Fleisch in Würfel schneiden. In einem Topf Öl erhitzen und die Fleischwürfel kurz darin anbraten. Eine gehackte Zwiebel sowie gehackten Koriander zugeben und dünsten, bis die Zwiebel glasig ist. Mit Ingwer, Kreuzkümmel und einer Prise Safran würzen. Die Zimtstangen zugeben, mit 3/4 l Wasser ablöschen. Salzen und etwa 30 Minuten köcheln.
Währenddessen die restlichen Zwiebeln hacken. Kartoffeln schälen und in Streifen schneiden, Paprika ebenfalls in Streifen schneiden.
Das Fleisch aus dem Topf nehmen und in eine Tagine geben. Die Zwiebeln darüberstreuen, Kartoffeln und schließlich Paprikastreifen darauflegen – die Gemüse sollten nach oben hin spitz zulaufen. Mit Bratensauce übergießen. Die Tagine schließen und alles etwa eine Stunde köcheln.
Währenddessen die Tomaten vierteln und entkernen. Den entstehenden Saft zur Seite stellen. Die Tomaten über die Paprikastreifen geben und alles weitere 15 Minuten köcheln.
4 EL Gemüsesauce aus der Tagine in einen Topf geben. Tomatensaft, Zucker und Zimt zugeben, zum Kochen bringen. Köcheln, bis die Sauce karamelisiert.
Fleisch und Gemüse mit der Sauce übergießen und in der Tagine servieren.

Hammel mit Couscous-Füllung
Ghalmi maa k'seksu oe chlit (Nordafrika)

5 Stunden Vorbereitungs- und Kochzeit
für 10-12 Personen

¼ Hammel (3-3½ kg)
150 g Butter
½ TL Safran
2 TL gemahlener Zimt
1 große Zwiebel
4 EL Honig

für die Füllung:
1 kg Couscous-Füllung (Seite 109)
100 g geschälte Mandeln
100 g Rosinen
4 EL Honig
1 EL gemahlener Zimt

◆ Die Füllung wie beschrieben zubereiten. Die Mandeln mahlen und in einer fettfreien Pfanne kurz bräunen. Mit Rosinen und Honig dem Couscous zugeben. Mit Zimt und etwas Salz würzen, alles gut vermischen.
Den Knochen aus dem Fleisch lösen. Das Fleisch mit der Mischung füllen und zunähen.
Ein Backblech mit Butter einfetten und das Fleisch mit der offenen Seite nach unten darauflegen. Mit 1 TL Pfeffer, Safran und Zimt bestreuen und in den auf 180° vorgeheizten Ofen schieben. Nach 5 Minuten die geriebene Zwiebel hinzufügen und mit ½ l Wasser ablöschen, salzen. Das Fleisch zweieinhalb bis drei Stunden braten, dabei immer wieder mit Sauce begießen. Falls nötig, weiteres Wasser zugießen. Zum Schluß der Sauce Honig zufügen und alles noch etwas köcheln.
Die restliche Couscous-Füllung im Dampf erhitzen und zum Hammel servieren.

Hammel vom Grill
Meschui (Marokko)

3 Stunden Vorbereitungs- und Kochzeit
für 10-12 Personen

$1/4$ Hammel (3-$3 1/2$ kg)

für die Marinade:
100 g Butter
1 gehäufter EL süßer Paprika
1 TL gemahlener Koriander
1 TL gemahlener Kreuzkümmel

Meschui, am Spieß gebratener Hammel, ist ein marokkanisches Nationalgericht. Zubereitet wird es für große Festessen, etwa die Geburt eines Knaben oder eine Hochzeit. Meist wird ein Spezialist beauftragt, der die Zubereitung eines Hammels beherrscht – der sogenannte Chouaï. Er trägt Sorge dafür, daß der Hammel rechtzeitig zum Festmahl gar ist.
Der Chouaï steckt das ganze Jungtier auf einen Spieß und brät es über einem Holzkohlefeuer. Seine Kunst besteht darin, das Fleisch langsam und gleichmäßig zu garen, so daß die Haut knusprig wird. Von Zeit zu Zeit übergießt er den Hammel mit Salzwasser und streicht ihn mit Butter ein.

◆ Für die Marinade Butter zerlassen, Gewürze und Salz hinzufügen, alles gut vermischen. Das Fleisch damit von allen Seiten gut einstreichen, dabei Marinade auch unter die Haut fließen lassen. Mit der offenen Seite nach unten auf ein Backblech legen und ein Glas Wasser hinzustellen. Im auf 180° vorgeheizten Ofen etwa zwei Stunden schmoren, dabei immer wieder mit der Bratensauce übergießen. Wenn nötig, etwas Wasser zugießen.
Anschließend das Fleisch wenden und weitere 30 Minuten schmoren. Zum Servieren auf einer Platte anrichten.
Beilagen: gemahlener Kreuzkümmel und Salz, Pommes frites

Kräuterschaf

Ghalmi maa lkoam (Nordafrika)

für 4 Personen

1 kg Hammelfleisch am Stück
40 g Butter
1/2 TL gemahlener Ingwer
1/2 TL süßer Paprika
Safran
2 gehackte Zwiebeln
2 Knoblauchzehen

für die Füllung:
1/2 Bund Petersilie
1/2 Bund Koriander
3 gehackte Knoblauchzehen
1 EL Öl
1/2 TL gemahlener Kreuzkümmel
1/2 TL gemahlener Ingwer

◆ Für die Füllung die gehackten Kräuter mit Knoblauch vermischen. Öl zugeben, mit Kreuzkümmel, Ingwer und Salz würzen. Das Fleisch in der Mitte einschneiden, mit der Mischung füllen und zunähen.
In einem Bratentopf Butter zerlassen und das Fleisch von beiden Seiten kurz darin anbraten. Mit Ingwer, Paprika und einer Prise Safran bestreuen. Zwiebeln und Knoblauchzehen in den Topf geben, kurz dünsten. Mit 1/2 l Wasser ablöschen und salzen. Etwa eine Stunde schmoren. Wenn nötig, weiteres Wasser zugießen.
15 Minuten vor dem Servieren das Fleisch aus dem Topf nehmen und im auf 180° vorgeheizten Ofen goldbraun braten. Währenddessen die Sauce einkochen, bis sie cremig ist.

Lammragout mit Bohnen

Fasulia bil lahm (Syrien)

am Vortag beginnen
für 4 Personen

500 g getrocknete rote oder weiße Bohnen
250 g Rind- oder Lammfleisch
3 EL Öl
1 Knoblauchzehe
1 gehackte Zwiebel
1/4 TL gemahlener Kreuzkümmel oder Zimt
1 Tasse Tomatenpüree (Seite 36)

◆ Die Bohnen über Nacht einweichen.
Am nächsten Tag das Fleisch in 2 bis 3 cm große Würfel schneiden. In einem Topf Öl erhitzen und die Fleischwürfel darin anbraten. Zerdrückten Knoblauch und Zwiebel zugeben und braten, bis die Zwiebel weich ist.
Die Bohnen abgießen, in den Topf geben und 1 Minute unter Rühren anbraten. Mit Wasser bedecken, mit Kreuzkümmel, 1 1/2 TL Salz und 1/2 TL Pfeffer würzen. Zum Kochen bringen und zugedeckt bei schwacher Hitze kochen, bis die Bohnen weich sind.
Tomatenpüree hinzugeben und alles weitere 10 Minuten köcheln.
Beilage: Reis

Lammfleisch mit Zucchini und Joghurt
Yakhnet kousa bil laban
(Libanon, Palästina)

für 4-6 Personen

400 g Lammfleisch aus der Schulter oder Keule
1 kg Zucchini
100 g Butter oder Butterschmalz (Seite 33)
2 grobgehackte Zwiebeln
1 Tasse Fleischbrühe
gemahlener Zimt
500 g gekochter Joghurt (Seite 35)
3 Knoblauchzehen
1/2 TL getrocknete Minze

◆ Das Fleisch in Würfel schneiden. Zucchini waschen und in mittelgroße Stücke schneiden, Kappen und Stielenden entfernen.
In einer hohen Pfanne Butter erhitzen und die Zwiebeln 5 Minuten darin braten. Das Fleisch zugeben und alles weitere 5 Minuten braten.
Die Brühe, 1 TL Salz, je eine Prise Pfeffer und Zimt zum Fleisch geben. Bei schwacher Hitze 20 Minuten weich schmoren.
Zucchini hinzufügen und weitere 15 Minuten schmoren.
Gekochten Joghurt zugeben. Knoblauch mit Minze zerdrücken, ebenfalls in die Pfanne geben und alles noch einmal 5 Minuten köcheln.

Mansaf
(Jordanien)

für 6-8 Personen

1 1/2 kg Lammfleisch aus der Keule
2 große Zwiebeln
3-4 Knoblauchzehen
5 Tassen gekochter Joghurt (Seite 35)
2 Tassen Reis
1/2 Tasse Pinienkerne oder Mandeln
2 EL Butter oder Butterschmalz (Seite 33)
4 Fladenbrote

◆ Das Lammfleisch in größere Stücke schneiden. Mit Zwiebelringen, zerdrücktem Knoblauch, 1/2 TL Pfeffer und 1 TL Salz 20 Minuten kochen. Brühe abgießen und zur Seite stellen. Gekochten Joghurt über die Fleischstücke gießen und bei schwacher Hitze weitere 10 Minuten ohne Deckel kochen. Falls der Joghurt zu dick wird, Brühe unterrühren.
Den Reis kochen. Pinienkerne oder zerkleinerte Mandeln in etwas Butter goldbraun braten. Das Brot toasten oder aufbacken, in kleine Stücke zerbrechen und auf dem Boden eines großen Bräters verteilen. Den Joghurt durch ein Sieb gießen und darauf verteilen, 10 Minuten durchziehen lassen. Den Reis darübergeben, die Fleischstücke darauflegen, mit Pinienkernen garnieren.
Den Rest des Joghurts in eine Schüssel füllen und getrennt servieren.

Ma'alube
(ostarabische Länder)

1 kg Lammfleisch oder
-koteletts
3 EL Pinienkerne
4 EL Butter
2 gehackte Zwiebeln
2 große Auberginen
Öl
4 Tomaten
3 Tassen Reis
4 Tassen Fleischbrühe
nach Geschmack:
Safran

Ma'alube ist ein klassisches ostarabisches Gericht, das aus Lammfleisch, Gemüse und Reis besteht, die zusammen gekocht und zum Servieren auf ein Blech gestürzt werden. Man kann dafür ein Backblech mit hohem Rand oder eine große, runde Form benutzen, wie sie für arabisches Gebäck verwendet wird. Das Gericht türmt sich auf dem Blech zu einem dampfenden Haufen – ein beeindruckender Anblick für jeden, der Ma'alube noch nicht genossen hat. Es eignet sich bestens für Einladungen von mehreren Personen.

◆ Das Fleisch würfeln. In einem großen Topf die Pinienkerne in Butter hellbraun anbraten, herausnehmen.
Fleisch und Zwiebeln in den Topf geben und braten, bis das Fleisch angebräunt ist. Mit Salz und Pfeffer würzen, zur Seite stellen.
Auberginen schälen, in 2 bis 3 cm dicke Scheiben schneiden und 30 Minuten in Salzwasser legen. Ausdrücken und in einer Pfanne in Öl goldbraun braten. Mit einem Schaumlöffel herausnehmen, abtropfen lassen und mit den geviertelten Tomaten über das Fleisch schichten.
Mit Reis bedecken, Brühe darübergießen. Den Topf schließen und schnell zum Kochen bringen. Die Hitze verringern und etwa 45 Minuten kochen, bis der Reis das Wasser aufgesogen hat und weich ist. 30 Minuten ruhenlassen.
Auf ein Backblech oder eine ähnliche Unterlage stürzen. Pinienkerne darübergeben und servieren.

Variante:
Die Auberginen durch einen großen Blumenkohl ersetzen, der in mittelgroße Röschen zerteilt und ohne Vorkochen dazugegeben wird.

Fleischragout mit Kichererbsen
Hommus bil lahm (Saudi-Arabien)

am Vortag beginnen
für 4 Personen

2 Tassen Kichererbsen
500 g Lamm- oder Rindfleisch
2 EL Butter oder Butterschmalz (Seite 33)
2 gehackte Zwiebeln
7 Knoblauchzehen
500 g frische Tomaten oder 1 Dose Pizzatomaten
nach Geschmack: gemahlener Zimt

◆ Die Kichererbsen über Nacht in reichlich kaltem Wasser einweichen.
Am nächsten Tag das Fleisch in 3 cm große Stükke schneiden. In einem Topf Butterschmalz erhitzen, Zwiebeln und zerdrückten Knoblauch darin glasig anbraten. Fleischstücke zugeben und unter Wenden anbraten.
Kichererbsen, gehäutete Tomaten, Salz, Pfeffer, Zimt sowie etwas heißes Wasser zugeben und zugedeckt garen, bis Kichererbsen und Fleisch weich sind.
Beilage: Reis

Kartoffeln im Ofen mit Lamm- oder Rindfleisch
Batatis billahm fil furn (ostarabische Länder, Ägypten)

2 Stunden Vorbereitungs- und Kochzeit
für 6 Personen

500-750 g Lammfleisch
4 Zwiebeln
1 kg Tomaten
1-1½ kg Kartoffeln
½ TL Piment oder ½ TL gemahlener Kreuzkümmel
2 Tassen Tomatenpüree (Seite 36)
2 EL Butterschmalz (Seite 33)

◆ Das Lammfleisch in 2 bis 3 cm dicke Würfel schneiden. Zwiebeln und Tomaten in Scheiben schneiden.
Kartoffeln schälen und in 5 mm dicke Scheiben schneiden. In einer Mischung aus 1 TL Salz, ½ TL Pfeffer und Piment wälzen.
In einen ausgebutterten Bräter schichtweise Kartoffeln, Fleischwürfel, Kartoffeln, Zwiebeln und Tomaten geben. Tomatenpüree darübergießen, so daß alles bedeckt ist. Zuletzt Butterflocken daraufsetzen.
Im Ofen bei 180° anderthalb bis zwei Stunden backen, bis die Kartoffeln weich sind.

Fatta
(Ägypten)

3 Stunden Vorbereitungs- und Kochzeit
für 8 Personen

Fatta ist eines der beliebtesten Nationalgerichte Ägyptens, das bei Familienfeiern und religiösen Festen serviert wird. Wie bei allen typischen Gerichten gibt es viele verschiedene Varianten. Es kann mit Rind- oder Hammelfleisch oder mit Geflügel zubereitet und mit einer Tomatensauce oder Joghurt serviert werden. Fatta ist eines der leckeren arabischen Essen, die man nicht schnell zubereiten kann. Aber die Mühe lohnt sich.

Fleisch und Brühe

1 kg Fleisch oder 2 Hühner
2 Tassen Rinder- oder Hühnerbrühe
1 große Zwiebel
2-3 Kardamomsamen

◆ Das Fleisch in 4 bis 5 cm große Würfel schneiden bzw. die Hühner zerlegen. In einem großen Topf die Brühe mit dem Fleisch zum Kochen bringen. Kardamom, 1/2 TL Pfeffer und 1 TL Salz zugeben. Den Schaum abschöpfen. Die ganze Zwiebel zufügen und das Fleisch anderthalb Stunden – Huhn etwa eine Stunde – kochen. Hühnerfleisch anschließend von den Knochen lösen und zerteilen.

Reis

2 Tassen Reis
1 1/2 Tassen Fleischbrühe
2 EL Öl oder Butterschmalz (Seite 33)

Den Reis wie auf Seite 95 beschrieben zubereiten.

Brot

2 türkische Fladenbrote

Im Ofen bei 180° knusprig backen. In kleine Stückchen zerbrechen. Zur Verfeinerung in Butter schwenken.

Knoblauchsauce

3-4 EL Butterschmalz (Seite 33) oder Öl
etwa 20 Knoblauchzehen
3 EL Essig
2 Tassen Tomatenpüree (Seite 36)
Pfeffer
Chilipfeffer
1/2-1 TL Piment

Butterschmalz erhitzen und zerdrückten Knoblauch darin schwenken, bis er golden ist – nicht braun werden lassen, da er dann bitter schmeckt. Essig zufügen und 1 Minute kochen, alle weiteren Zutaten beifügen. Kochen, bis das Tomatenpüree eine bräunliche Farbe annimmt und die Sauce eindickt.

Variante:
Eine Zwiebelsauce zubereiten: Statt des Knoblauchs zwei feingehackte Zwiebeln verwenden.

Fatta anrichten

Das knusprige Brot in einen Bräter legen. Mit etwas Brühe begießen, die vom Brot aufgesogen wird. Die Fleischstücke darauflegen, den Reis darüberschichten. Zuletzt mit der Sauce begießen.

Gebratene Leber mit Knoblauch
Kibdah bil thoum (ostarabische Länder)

2-3 Stunden marinieren
für 4 Personen

500 g Leber
4 gehackte Knoblauchzehen
3 EL Butterschmalz (Seite 33)
2 EL Zitronensaft
1 Bund Petersilie

◆ Die Leber in 2 bis 3 cm breite Streifen schneiden und mit Knoblauch vermischen. Im Kühlschrank zugedeckt zwei bis drei Stunden marinieren.
Butterschmalz erhitzen und die Leber darin braun braten. Mit Pfeffer würzen und kurz schwenken, erst nach dem Braten salzen.
Mit Zitronensaft beträufeln, mit gehackter Petersilie bestreuen.
Beilagen: Kartoffelsalat, Gemüse

Leberspießchen
Lqtban dial lkbda
(Nordafrika)

für 6 Personen

5 gehackte Frühlingszwiebeln
2 gehackte Knoblauchzehen
1/2 Bund Petersilie
Öl
800 g Rinderleber
3/4 TL gemahlener
Kreuzkümmel
1/4 TL süßer Paprika
1/4 TL Cayennepfeffer

◆ Frühlingszwiebeln, Knoblauch und gehackte Petersilie in genügend Öl anbraten. Die Leber sorgfältig enthäuten, säubern und kurz waschen. Kleinschneiden, zugeben und bei mittlerer Hitze anbraten. Pfeffern und salzen. Kreuzkümmel, Paprika und Cayennepfeffer zugeben und alles bei schwacher Hitze braten. Die Temperatur erhöhen und braten, bis die Leber gar ist.

Variante:
Die Rinderleber durch Rindfleisch ersetzen.

Gegrillte Lammleber
Kibdah mashuiya
(Syrien)

für 4 Personen

500 g Leber (Lamm)
nach Geschmack:
gemahlener Kreuzkümmel
Butterschmalz (Seite 33)
2 kleine Zwiebeln
2 grüne Paprika
2 Tomaten

◆ Die Leber in 5 cm große Stücke schneiden, mit Pfeffer und eventuell etwas Kreuzkümmel würzen.
Eine Bratform mit Butterschmalz einfetten, die Leberstücke hineingeben. Die Form in den vorgeheizten Grill stellen und die Leber kurz von beiden Seiten hellbraun grillen.
Die Form herausnehmen. Die Leber salzen und Zwiebelringe, die in grobe Streifen geschnittenen Paprika und geviertelte Tomaten zwischen die Leberstücke legen. Mit 20 bis 25 cm Abstand vom Grill weitere 10 bis 15 Minuten grillen, dabei wenden.
Beilagen: Reis, Hommus

Rinderleber mit Kräutern
Lkbda dial begri maa lkoam (Nordafrika)

für 4 Personen

600 g Rinderleber
Mehl
Öl
Oliven
eingemachte Zitrone (Seite 34)

für die Marinade:
1 Tasse Öl
1/2 Bund Petersilie
1/2 Bund Koriander
5 Knoblauchzehen
1 EL süßer Paprika
2 TL Cayennepfeffer
1 EL gemahlener Kreuzkümmel
1/2 Tasse Essig

für die Sauce:
1/4 Tasse Öl
1/4 TL süßer Paprika
gemahlener Kreuzkümmel
1/4 TL Weizenmehl
1 TL Essig

◆ Für die Marinade Öl erhitzen. Gehackte Petersilie, gehackten Koriander und den in Stücke geschnittenen Knoblauch zugeben und dünsten. Mit Paprika, Cayennepfeffer, Kreuzkümmel und Salz würzen. Mit Essig ablöschen und alles etwa 5 Minuten köcheln.
Die Leber sorgfältig enthäuten, säubern und kurz waschen. In Stücke schneiden und 10 Minuten in der Marinade einlegen. Anschließend in wenig Mehl wenden und kurz in etwas Öl anbraten.
Für die Sauce Öl mit Paprika, einer Prise Kreuzkümmel und etwas Salz verrühren. Alles der Leber hinzufügen und mit 1/2 Tasse Wasser ablöschen. 3 bis 4 Minuten köcheln. Das Weizenmehl darüberstreuen und gut umrühren. Essig zufügen, umrühren und die Sauce einkochen.
Mit Oliven und Stücken eingemachter Zitrone garniert servieren.
Beilagen: Kartoffelbrei, grüner Salat

Gebratene Rinderleber
Lkbda maqlia (Nordafrika)

2-3 Stunden marinieren
für 4 Personen

600 g Rinderleber
Mehl
Öl

für die Marinade:
1 kleines Bund Koriander
1 EL süßer Paprika
1 TL gemahlener Kreuzkümmel
2 EL Essig

◆ Für die Marinade Koriander mit etwas Salz im Mörser zerstampfen. Paprika und Kreuzkümmel hinzufügen, nochmals stampfen. Essig sowie 1/2 Tasse Wasser zugießen und alles gut umrühren.
Die Leber sorgfältig enthäuten, säubern und kurz waschen. In dünne Scheiben schneiden und zwei bis drei Stunden in der Marinade einlegen.
Die Leber in etwas Mehl wenden und in heißem Öl von beiden Seiten etwa 3 Minuten braten. Heiß oder kalt servieren.

Variante:

Gebratene Leber in Sauce
Lkbda maqlia maa duaz (Nordafrika)

für die Sauce:
1 kleines Bund Petersilie
3/4 Tasse Öl
1 Zitrone (Saft)
6-7 marinierte Oliven (Seite 64)
1 1/2 eingemachte Zitronen (Seite 34)
Oliven

◆ Die gebratene Leber in Stücke schneiden, kleine Krümel entfernen.
Für die Sauce die restliche Marinade in einen Topf geben und gehackte Petersilie hinzufügen. Öl, Zitronensaft und 1 Tasse Wasser zugießen, alles zum Kochen bringen. Oliven und eine halbe eingemachte Zitrone in kleine Stücke schneiden und mit den Leberstücken in die heiße Sauce geben. 5 Minuten köcheln, dann vom Herd nehmen – die Sauce darf nicht zu sehr einkochen.
Mit einigen Oliven und der in Schnitze geschnittenen Zitrone garnieren. Heiß servieren.

Rinderzunge in roter Sauce
Lsan dial begri maa duaz hmer (Nordafrika)

2 Stunden Vorbereitungs- und Kochzeit
für 6 Personen

1 kg Rinderzunge
100 g Butter
4 Knoblauchzehen
1 TL gemahlener Koriander
1 TL gemahlener Kreuzkümmel
1 TL süßer Paprika
1/2 TL Cayennepfeffer
2 EL Essig

◆ Die Zunge in sehr heißem, aber nicht kochendem Salzwasser 15 Minuten sieden. Herausnehmen, enthäuten und in 2 cm große Würfel schneiden.
In einem Topf Butter zerlassen und die Zungenstücke darin leicht anbraten. Knoblauch zugeben und mit 1 l Wasser ablöschen. Mit Koriander, Kreuzkümmel, Paprika, Cayennepfeffer und Salz würzen. Eine bis anderthalb Stunden kochen, bis die Zungenstücke weich sind. Zum Schluß Essig zugeben.
Die Sauce einkochen. Die Rinderzunge heiß servieren.

Variante:
Statt der Knoblauchzehen zwei gehackte Zwiebeln verwenden.

Kutteln mit Kichererbsen
Kirscha bil hommus (Tunesien)

am Vortag beginnen
für 4 Personen

100 g Kichererbsen
500 g Kutteln
4-6 Knoblauchzehen
1 feingehackte Zwiebel
Öl
1 Tasse Tomatenpüree (Seite 36)
1 EL eingelegter Chilipfeffer (Seite 34)
1/2 l Fleischbrühe
1 Bund Koriander

◆ Die Kichererbsen über Nacht in reichlich kaltem Wasser einweichen.
Am nächsten Tag die Kutteln gut auswaschen und in einem Topf mit Wasser 10 Minuten auskochen. Herausnehmen und in bißgroße Streifen schneiden. Mit 1 TL Salz, 1/2 TL Pfeffer und zerdrücktem Knoblauch vermischen, ruhenlassen.
Die Zwiebel in Öl anbraten, die Kuttelstreifen zugeben und 5 Minuten braten. Tomatenpüree und Chilipfeffer in die Pfanne geben, kurz schmoren. Kichererbsen abgießen und mit der Brühe in die Pfanne geben. 45 Minuten kochen, gehackten Koriander in den letzten 5 Minuten dazugeben.

Hackfleisch
Kofta

Die arabischen Hausfrauen sind Meisterinnen der Hackfleischzubereitung. Äußerst würzig sind ihre Kofta- oder Kibbe-Rezepte. Das Hackfleisch wird am Spieß gegrillt, zu Bällchen geformt oder als Füllung für Geflügel und Gemüse verwendet. Diese Mahshi-Gerichte sind eine Lieblingsspeise der meisten Araber. Die Variationen sind vielfältig und reichen von sehr scharf bis süß-würzig.

◆ Den Burghul in einer Schüssel 5 Minuten in Wasser einweichen, im Sieb gut abtropfen lassen. Alle Zutaten in eine Schüssel geben und gut miteinander vermischen.
Mit angefeuchteten Händen eine eigroße Menge abnehmen und in Würstchenform um einen Spieß kneten – mehrere solcher Würstchen können auf einem Spieß aneinandergereiht werden. Auf einem Holzkohlegrill oder im Ofengrill braten.
Beilagen: Frühlingszwiebeln, marinierte Oliven (Seite 64), Petersiliensalat (Seite 58), Hommus oder Tahinasauce (Seite 66)

Das Hackfleisch vom Metzger zweimal durchdrehen lassen.

Hackfleischspieß
Kofta (alle arabischen Länder)

für 6 Personen

125-250 g Burghul (Seite 33)
1 kg Hackfleisch von Rind oder Lamm
1 feingehackte Zwiebel
6 zerdrückte Knoblauchzehen
1 TL Piment
1/2-1 TL Salz
1 TL Pfeffer
feingehackte frische Minze

Hackfleisch im Ofen gebraten
Kibbe fil furn (Libanon)

für 6 Personen

250-500 g Burghul (Seite 33)
500 g Hackfleisch von Rind oder Lamm
1 feingehackte Zwiebel
Chilipfeffer

für die Füllung:
1/2 Tasse Walnüsse oder Pinienkerne
1/2 Tasse Olivenöl
4 feingehackte Zwiebeln
500 g Hackfleisch von Rind oder Lamm
1/2 TL gemahlener Zimt
nach Geschmack: Essigbaumgewürz

◆ Den Burghul 5 Minuten einweichen, abtropfen lassen.
Hackfleisch und Zwiebel im Mixer mahlen. Burghul zufügen und weitermahlen. Die Masse in eine Schüssel füllen, mit 1 TL Salz sowie je einer Prise Pfeffer und Chilipfeffer gut durchkneten. Mit einem feuchten Tuch bedeckt zur Seite stellen.
Für die Füllung Walnüsse in etwas Öl anbraten. Herausnehmen und abtropfen lassen. In demselben Öl Zwiebeln anbraten, Hackfleisch, Zimt, Essigbaumgewürz, 1 TL Salz und etwa 1/2 TL Pfeffer hinzufügen und 15 Minuten unter Rühren braten. Vom Herd nehmen und die Walnüsse dazugeben.
Die Hälfte der Hackfleischmischung in eine gefettete feuerfeste Form füllen, mit angefeuchteten Händen glattstreichen. Die Füllung daraufgeben, die restliche Hackfleischmischung darüberschichten und ebenfalls glattstreichen. Das restliche Öl darübergießen und die Mischung mit einem Messer kreuz und quer einritzen, damit das Öl eindringen kann. Die Form in den auf 200° vorgeheizten Ofen stellen und etwa 20 Minuten braten, bis das Fleisch eine braune Farbe angenommen hat.
Nach libanesischer Art mit frischer Minze servieren.
Beilagen: Joghurt, Gurkensalat

Varianten:

Gefüllte Hackfleischbällchen
Akras al kibbe al mahshia (Libanon)

◆ Aus der Hackfleischmischung kleine Bällchen formen. Mit dem Zeigefinger ein Loch hineindrücken und 1 bis 2 TL Füllung hineingeben. Mit der Mischung verschließen und mit angefeuchteten Händen glätten. In heißem Öl braten.
Kalte Bällchen sind eine beliebte Vorspeise.

Hackfleischbällchen in Joghurt
Kibbe bil laban (Libanon)

1 l gekochter Joghurt (Seite 35)
Knoblauchpaste (Seite 35)
2 EL Butterschmalz (Seite 33)
1 Bund Koriander
getrocknete Minze

◆ Aus der Hackfleischmischung kleine Bällchen formen. Mit dem Zeigefinger ein Loch hineindrücken und die Füllung hineingeben. Mit der Mischung verschließen und mit angefeuchteten Händen glätten.
Joghurt unter Rühren erhitzen. Wenn er zu kochen beginnt, die Bällchen vorsichtig hineinlegen. Bei starker Hitze 5 Minuten kochen und darauf achten, daß die Bällchen nicht aneinanderkleben.
Knoblauchpaste in Butterschmalz schwenken. Gehackten Koriander und Minze hinzufügen und ebenfalls kurz schwenken. Alles zum Joghurt und den Hackfleischbällchen geben.
Heiß mit Reis oder kalt als Vorspeise servieren.

Hackfleischbällchen in Tomatensauce
Daud pascha (Ägypten)

für 4-6 Personen

1 Bund Dill
1 Bund Petersilie
etwas frische Minze
1 gehackte Zwiebel
2 Knoblauchzehen
500 g Hackfleisch von Rind oder Lamm
Öl zum Braten

für die Sauce:
2 EL Butterschmalz (Seite 33) oder Öl
6 Knoblauchzehen oder 1 gehackte Zwiebel
2 Tassen Tomatenpüree (Seite 36)
gemahlener Kreuzkümmel
Chilipfeffer
2 Tassen Fleischbrühe

◆ Für die Sauce in einem Topf Butterschmalz nicht zu stark erhitzen und die Knoblauchzehen kurz darin anbraten – sie dürfen nicht anbrennen, sonst schmecken sie bitter. Tomatenpüree, je eine Prise Kreuzkümmel und Chilipfeffer, etwas Salz sowie 1/2 TL Pfeffer zufügen und kochen, bis die Sauce eindickt. Vom Herd nehmen.
Feingehackte Kräuter mit Zwiebel und zerdrücktem Knoblauch mischen. Fleisch, 1 TL Salz und 1/2 TL Pfeffer zufügen. Alles gut miteinander vermengen und kleine Fleischbällchen formen.
Einen hohen Topf oder eine Friteuse 3 cm hoch mit Öl füllen und erhitzen. Eine Lage Fleischbällchen hineingeben und braun braten. Mit einem Schaumlöffel herausnehmen und in die Sauce legen. Mit den restlichen Bällchen auf gleiche Weise verfahren.
Die Sauce wieder erwärmen und mit den Fleischbällchen Brühe zugießen. 45 Minuten köcheln, bis die Sauce eindickt. Eventuell Wasser zugießen, damit alle Bällchen bedeckt sind.
Beilage: Fladenbrot (Seite 39) oder Reis

Hackfleischbällchen in Zwiebelsauce

Kefta m'scharmela bel basla (Nordafrika)

2 Stunden Vorbereitungs- und Kochzeit
für 4 Personen

500 g Hackfleisch vom Rind
1 gehackte Zwiebel
1 gehackte Knoblauchzehe
1/2 Bund Petersilie
1/2 Bund Koriander
2 TL süßer Paprika
Cayennepfeffer
1/4 TL gemahlener Kreuzkümmel

für die Sauce:
50 g Butter
2 gehackte Zwiebeln
1/4 TL gemahlener Ingwer
1/4 TL süßer Paprika
Safran
Cayennepfeffer
1 EL Petersilie
1 EL Koriander
1 Zitrone (Saft)

◆ Hackfleisch mit Zwiebel, Knoblauch, feingehackter Petersilie und feingehacktem Koriander vermischen. Nach Bedarf durch den Fleischwolf drehen. Mit Paprika, einer Prise Cayennepfeffer, Kreuzkümmel und genügend Salz würzen. Nochmals gut durchkneten, etwa eine Stunde ruhenlassen.
Für die Sauce Butter zerlassen und die Zwiebeln darin dünsten. Mit Salz, Ingwer, Paprika, je einer Prise Safran und Cayennepfeffer würzen. Mit 1/4 l Wasser ablöschen und köcheln.
Aus dem Hackfleisch kleine Bällchen formen und in die Zwiebelsauce geben. Petersilie, Koriander und Zitronensaft zufügen. Alles einige Minuten köcheln, bis die Fleischbällchen gar sind. Heiß servieren.

Hackfleischbällchen mit Pinienkernen und Rosinen

Kibbe filistinia (Palästina)

für etwa 25 Stück

1/2 Tasse Paniermehl
150 ml Joghurt
1 Knoblauchzehe
1/2 Tasse Pinienkerne
3 EL Olivenöl
1/2 Tasse Rosinen
1-2 feingehackte Lauchzwiebeln
1/2 TL Piment
1 TL gemahlener Zimt
1 Prise Muskat
500 g Hackfleisch von Rind oder Lamm

◆ Paniermehl mit Joghurt und zerdrücktem Knoblauch verrühren, durchziehen lassen.
Die Pinienkerne in 1 EL Öl goldbraun anbraten, dabei nicht zu heiß werden lassen. Herausnehmen, abtropfen lassen und in die Joghurtmischung rühren. Rosinen, Lauchzwiebeln, Gewürze und 1 TL Salz der Mischung zugeben und mit dem Fleisch vermengen.
Mit angefeuchteten Händen kleine Bällchen formen. In heißem Öl braun braten.
Kalte Bällchen sind eine beliebte Vorspeise.

Gebratene gefüllte Zucchini in Joghurtsauce
Kousa bil laban (Syrien)

für 4-6 Personen

1 kg Zucchini (8 cm lang und 3-4 cm dick)
1 1/2 Tassen Öl
1 l gekochter Joghurt (Seite 35)
2 Knoblauchzehen
getrocknete Minze

für die Füllung:
1/2 Tasse Pinienkerne
1/2 Tasse Öl oder 100 g Butter
500 g Hackfleisch von Rind oder Lamm
2 gehackte Zwiebeln
1/2 TL gemahlener Zimt

◆ Für die Füllung die Pinienkerne in etwas Öl anbraten. Herausnehmen und abtropfen lassen.
Im restlichen Öl Hackfleisch, Zwiebeln, Zimt, 1 TL Salz und 1/2 TL Pfeffer 5 Minuten anbraten. Die Pinienkerne wieder hinzufügen, gut untermischen.
Kappen und Stielenden der Zucchini abschneiden und mit einem Apfelausstecher oder einem sehr kleinen Küchenmesser das Innere herausschälen. Mit der Mischung füllen und in heißem Öl leicht bräunlich anbraten.
Die Zucchini in einen Topf oder eine hohe Pfanne schichten. Gekochten Joghurt darübergießen und alles zum Kochen bringen. Die Hitze verringern und 15 Minuten kochen.
Knoblauch mit etwas Minze zerdrücken und über die Sauce geben. Weitere 3 Minuten kochen.

Makkaroni-Auflauf

Makarona fil furn
(ostarabische Länder)

für 4 Personen

500 g Makkaroni
2 EL Butter
1 Ei
geriebener Käse

für die Hackfleischfüllung:
2 große, gehackte Zwiebeln
500 g Hackfleisch vom Rind
1 Tasse Tomatenpüree (Seite 36)
1/2 TL Piment

für die Sauce:
1 EL Butter
2 EL Mehl
1/2 l Milch
1 TL Rinderbrühe
3-4 Eier

◆ Die Makkaroni weich kochen. Nach dem Abgießen in Butter schwenken.
Für die Füllung in einer Pfanne die Zwiebeln anbraten. Hackfleisch zugeben und unter Wenden braun anbraten. Tomatenpüree, Piment, 1 TL Salz und 1/2 TL Pfeffer hinzufügen. Alles garen, bis die Fleischmischung andickt.
Für die Sauce in einem Topf Butter zerlassen und das Mehl hineinrühren, bis es sich aufgelöst hat. Milch zugießen und mit einem Schneebesen unterrühren. Die Brühe unterrühren, mit etwas Salz und Pfeffer würzen. Unter ständigem Rühren etwa 10 Minuten kochen, bis sich eine sämige Sauce bildet.
Vom Herd nehmen und die verschlagenen Eier unterrühren. Die Hälfte der Makkaroni in eine Steingutform füllen. So viel Sauce zugeben, daß die Nudeln knapp bedeckt sind. Fleisch darüberschichten, restliche Makkaroni und Sauce darauf verteilen.
Ei mit Käse verühren und zuletzt über den Auflauf geben. Die Form in den 180° heißen Ofen stellen und backen, bis die Oberfläche eine braune Farbe annimmt.

Tagine-Gerichte

Als Tagine wird eine besondere Form von Kochtopf bezeichnet, aber auch das Gericht, das darin zubereitet wird.

Der Kochtopf besteht aus einer dickwandigen tönernen Platte, die mit einem spitz zulaufenden Dekkel verschlossen werden kann. Die Tagine – in marokkanischen Küchen in unterschiedlichen Größen zu finden – wird meist auf einem Holzkohlefeuer erhitzt, kann aber auch auf einen Gasherd gestellt werden. Die besonderen Eigenschaften des Tons, der nur langsam Wärme abgibt, kommt dem Kochprozeß zugute. Noch heute sind zahlreiche Töpfer im ganzen Land mit der Produktion von Tagines und Holzkohlekochern aus Ton beschäftigt.

Eine Tagine ist nur schwer zu ersetzen. Ein Römertopf könnte an ihre Stelle treten – da die Speisen jedoch alle Öl enthalten, wäre er danach nicht mehr als Römertopf zu gebrauchen.

Das Gericht Tagine bezeichnet eine bestimmte Form der Zubereitung: Das Fleisch wird in Öl angebraten und etwas gewürzt; anschließend werden die restlichen Zutaten über das Fleisch gegeben, gewürzt und im verschlossenen Topf gedämpft. Wenn nötig, wird weiteres Wasser zugegossen, umgerührt aber wird nie. Bei Fischgerichten wird zuunterst eine Lage hartes Gemüse – zum Beispiel Möhrenstreifen – in den Topf gelegt, damit der Fisch nicht hängenbleibt und beim Herausnehmen zerfällt; der Fisch wird also auch nicht angebraten. Die Tagine ist ein wenig arbeitsaufwendiges Gericht, das durch die vielfältigen Möglichkeiten der Zubereitung und nicht zuletzt durch die besondere Würzung einen besonderen Genuß bietet.

In Marokko wird eine Tagine mit Hilfe von Brot direkt aus dem Topf gegessen, größere Stücke Fleisch werden mit den Fingern zerteilt. Die während des Garprozesses entstehenden Saucen werden mit dem Brot aufgesogen.

Markt von Ourika.
Tagine-Kochstellen werden vermietet.

Taroudant.
Brotstand

Café in der Wüste bei Erfoud

Zubereitung von Tee

Gemüse-Tagine
Tagine dial lchodra (Marokko)

2-3 Stunden Vorbereitungs- und Kochzeit
für 4-6 Personen

3 große Möhren
5 kleine Kartoffeln
3 kleine weiße Rüben
3 große Tomaten
4 Frühlingszwiebeln
8 Schoten von jungen dicken Bohnen
1 kleiner Blumenkohl
1/2 Stange Sellerie
1 Tasse Öl
1 kg Hammelfleisch
4 Knoblauchzehen
1/2 Bund Koriander
1/2 Bund frischer Kerbel
3 TL süßer Paprika
2 TL gemahlener Zimt
2 TL gemahlener Ingwer
Safran
1 Zitrone

◆ Die Möhren schaben, Kartoffeln und Rüben schälen, Tomaten und Frühlingzwiebeln häuten. Die Schoten der Bohnen in 3 cm lange Stücke schneiden. Den Blumenkohl in größere Röschen zerteilen. Den Sellerie in Scheiben schneiden. Alles gut waschen.
In einer Tagine Öl erhitzen. Das Fleisch in sechs Stücke schneiden und in das heiße Öl geben. Die Frühlingszwiebeln halbieren, in Scheiben schneiden und mit dem Sellerie dem Fleisch zugeben. Knoblauch kleinschneiden und hinzufügen. Koriander- und Kerbelblätter vom Stengel lösen, waschen und in die Tagine geben. Das Fleisch mit den Kräutern leicht anbraten und nur einmal wenden.
Die Tomaten in kleine Stücke schneiden und dem Fleisch hinzufügen, umrühren. Paprika, Zimt, Ingwer, eine Prise Safran und 3 TL Pfeffer miteinander vermischen. Zwei Drittel dieser Gewürzmischung mit der Gabel über das Fleisch streuen. Salzen und umrühren. Zudecken und das Fleisch schmoren.
Die Möhren halbieren, in Scheiben schneiden und zugeben. Weiße Rüben halbieren, in 5 mm dicke Scheiben schneiden und ebenfalls zufügen. Darüber die Bohnen verteilen, geviertelte Kartoffeln und zuletzt den Blumenkohl. Die Enden der Zitrone abschneiden, die Zitrone vierteln und obenauf legen. Mit Salz und der restlichen Gewürzmischung bestreuen, mit etwas Wasser ablöschen. Zudecken und alles etwa eine Stunde köcheln. Heiß in einer Tagine servieren.
Beilagen: Fladenbrot (Seite 39), Salat

Kürbis-Tagine
Tagine g'dra maa geraa (Marokko)

2 Stunden Vorbereitungs- und Kochzeit
für 6 Personen

1 kg Fleisch (Hammel, Rind)
1/8 l Öl
2 gehackte Zwiebeln
200 g Perlzwiebeln
Safran
700 g kleine Kürbisse
1 EL Thymian

◆ Das Fleisch in Stücke schneiden. In einer Tagine Öl erhitzen und das Fleisch kurz darin anbraten. Zwiebeln und Perlzwiebeln zugeben. Mit 1/2 TL Pfeffer und einer Prise Safran bestreuen, salzen. Mit 3/4 l Wasser ablöschen und zudecken. Etwa eine Stunde köcheln, bis sich das Fleisch leicht mit den Fingern zerteilen läßt. Wenn nötig, weiteres Wasser zugießen.
Die Kürbisse in 3 cm große Würfel schneiden, waschen und gut abtropfen lassen. Mit etwas Salz und dem zwischen den Händen zerriebenen Thymian bestreuen, ziehen lassen. Anschließend über das Fleisch geben und alles weitere 15 Minuten dünsten. Heiß servieren.

Möhren-Tagine
Tagine m'qalli dial chisu (Marokko)

für 6 Personen

1 kg Fleisch (Hammel, Rind)
2 EL Erdnußöl
1/2 TL gemahlener Ingwer
Safran
1 Knoblauchzehe
1 1/2 kg Möhren
1/2 Bund Petersilie
1 eingemachte Zitrone (Seite 34)
7 marinierte Oliven (Seite 64)
2 Zitronen (Saft)

◆ Das Fleisch in große Stücke schneiden. In einer Tagine Öl erhitzen und das Fleisch kurz darin anbraten. Mit Ingwer, einer Prise Safran und Salz würzen. Zerdrückten Knoblauch über das Fleisch geben. Mit 3/4 l Wasser ablöschen, zudecken und etwa 30 Minuten garen.
Die Möhren schaben und in 1 cm dicke Scheiben schneiden. Die Tagine aufdecken, das Fleisch umrühren und die Möhren daraufgeben. Salzen und mit gehackter Petersilie bestreuen. Wenn nötig, weiteres Wasser zugießen. Die Tagine zudecken und alles weitere 30 Minuten garen, bis sich das Fleisch leicht mit den Fingern zerteilen läßt.
Wenn Fleisch und Möhren gar sind, die in Stücke geschnittene eingemachte Zitrone und Oliven darübergeben, mit Zitronensaft begießen. Köcheln, bis die Sauce sämig ist. Heiß servieren.

Grüne-Bohnen-Tomaten-Tagine
Tagine maa lfoul oe matischa (Marokko)

für 6 Personen

1 kg Fleisch (Hammel, Rind)
2 EL Öl
2 TL süßer Paprika
Safran
1/2 TL gemahlener Ingwer
700 g Tomaten
700 g grüne Bohnen
1 Zitrone (Saft)

◆ Das Fleisch in Stücke schneiden. In einer Tagine Öl erhitzen und das Fleisch kurz darin anbraten. Paprika, eine Prise Safran, Ingwer und etwas Salz vermischen, die Hälfte dieser Mischung über das Fleisch streuen. Die Tomaten häuten, kleinschneiden, entkernen und über das Fleisch geben. Den Rest der Gewürzmischung darüberstreuen. Zudecken und 10 Minuten dünsten.
Die Bohnen säubern und in 4 cm lange Stücke schneiden. Auf die Tomaten geben und mit etwas Salz bestreuen. Mit 3/4 l Wasser ablöschen und köcheln, bis sich das Fleisch leicht mit den Fingern zerteilen läßt. Wenn nötig, weiteres Wasser zugießen.
Den Zitronensaft über die Bohnen geben und die Sauce einkochen, bis sie sämig ist. Heiß servieren.

Okraschoten-Tagine
Tagine m'qalli dial mlochia (Marokko)

2 Stunden Vorbereitungs- und Kochzeit
für 6 Personen

1 kg Fleisch (Hammel, Rind)
70 g Butter
1/2 TL gemahlener Ingwer
Safran
1 gehackte Zwiebel
1 1/2 kg Tomaten
1 Bund Petersilie
300 g Okraschoten

◆ Das Fleisch in große Stücke schneiden. In einer Tagine Butter zerlassen und das Fleisch kurz darin anbraten. Mit 1 TL Pfeffer, Ingwer, einer Prise Safran und Salz würzen, die Zwiebel darübergeben. Mit 3/4 l Wasser ablöschen, zudecken und etwa eine Stunde garen, bis sich das Fleisch leicht mit den Fingern zerteilen läßt. Wenn nötig, weiteres Wasser zugießen.
Die Tomaten häuten, kleinschneiden und entkernen. Das gegarte Fleisch aus der Tagine nehmen und zur Seite legen. Die Tomaten in die Tagine geben, gehackte Petersilie darüberstreuen. Köcheln, bis eine Sauce entsteht. Das Fleisch wieder zugeben und abschmecken.
Die Enden der Okraschoten abschneiden, die Schoten schnell waschen und sofort in einen Topf mit kochendem Salzwasser geben. 15 bis 20 Minuten garen.
Zum Servieren die Okraschoten aus dem Salzwasser nehmen und über das Fleisch in die Tomatensauce geben.

Süßkartoffel-Tagine

Tagine dial batata hlua (Marokko)

2 Stunden Vorbereitungs- und Kochzeit
für 6 Personen

1 kg Fleisch (Hammel, Rind)
70 g Butter
1 TL gemahlener Ingwer
Safran
3 Zwiebeln
2 gehackte Knoblauchzehen
$1^{1}/_{2}$ kg Süßkartoffeln
200 g Rosinen
3 EL Honig
2 TL gemahlener Zimt

◆ Das Fleisch in große Stücke schneiden. In einer Tagine Butter zerlassen und das Fleisch kurz darin anbraten. Mit Ingwer, einer Prise Safran und Salz würzen. Eine Zwiebel hacken und mit dem Knoblauch über das Fleisch geben. Mit $^{3}/_{4}$ l Wasser ablöschen und zudecken. Etwa eine Stunde köcheln, bis sich das Fleisch leicht mit den Fingern zerteilen läßt. Wenn nötig, weiteres Wasser zugießen.
Süßkartoffeln schälen und in 3 cm große Stücke schneiden. Mit den restlichen, in Ringe geschnittenen Zwiebeln und den gewaschenen Rosinen dem Fleisch zugeben. Zudecken und erneut 10 Minuten köcheln.
Honig über Fleisch und Süßkartoffeln träufeln, Zimt darüberstreuen. Alles weitere 5 Minuten köcheln. Heiß servieren.

Tagine mit Zwiebeln und Mandeln

Tagine g'dra maa lbasla oe loz (Marokko)

2 Stunden Vorbereitungs- und Kochzeit
für 6 Personen

1 kg Fleisch (Hammel, Rind)
100 g Butter
1 kg Zwiebeln
150 g geschälte Mandeln
$^{1}/_{2}$ Bund Petersilie
Safran

◆ Das Fleisch in große Stücke schneiden. In einer Tagine Butter zerlassen und das Fleisch kurz darin anbraten. Mit 1 TL Pfeffer und Salz würzen, zwei gehackte Zwiebeln und Mandeln hinzufügen. Mit $^{3}/_{4}$ l Wasser ablöschen und zudecken. Etwa eine Stunde garen, bis sich das Fleisch leicht mit den Fingern zerteilen läßt. Dabei gelegentlich die Tagine schütteln. Wenn nötig, weiteres Wasser zugießen.
Restliche Zwiebeln in Ringe schneiden. Sobald das Fleisch gar ist, es aus der Tagine nehmen und zur Seite legen. Zwiebeln und gehackte Petersilie in die Tagine geben. Mit einer Prise Safran und Salz würzen. Köcheln, bis die Zwiebeln gar sind und die Sauce sämig ist.
Kurz vor dem Servieren das Fleisch wieder in die Tagine geben und erwärmen. Abschmecken und heiß servieren.

Fleisch-Tagine mit Mandeln und Eiern

Tagine g'dra dial hemm maa loz oe lbid (Marokko)

2 Stunden Vorbereitungs- und Kochzeit
für 6-8 Personen

1 1/2 kg Rindfleisch
150 g Butter
Safran
2 Zwiebeln
1 Bund Koriander
200 g geschälte Mandeln
6 Eier

Diese Tagine, auch Tfaïa genannt, wird anläßlich von Beschneidungen und Hochzeiten zubereitet. Sie soll aus Andalusien nach Marokko zurückgebracht worden sein.

◆ Das Fleisch waschen, abtrocknen und in große Stücke schneiden. In einer Tagine Butter zerlassen und das Fleisch kurz darin anbraten. Mit 1 TL Pfeffer, einer Prise Safran und Salz würzen. Geriebene Zwiebeln über das Fleisch streuen und drei Viertel des gehackten Korianders hinzufügen. Kurz dünsten. Die Mandeln über das Fleisch geben. Mit etwas Wasser ablöschen, zudecken und etwa eine Stunde garen, bis sich das Fleisch leicht mit den Fingern zerteilen läßt. Dabei die Tagine gelegentlich etwas schütteln. Wenn nötig, weiteres Wasser zugießen.
Währenddessen die Eier hart kochen, schälen und halbieren. Kurz vor dem Servieren den restlichen Koriander über das Fleisch geben und die Sauce einkochen, bis sie sämig ist.
Zum Servieren die Eierhälften rund um das Fleisch legen.

Varianten:
▹ Das Rind- durch Hühnerfleisch ersetzen.
▹ Statt des frischen Korianders Petersilie verwenden.

Tagine Mrousia
(Marokko)

2 Stunden Vorbereitungs- und Kochzeit
für 6 Personen

1 kg Hammelfleisch
1 EL Gewürzmischung Ras El Hanout
1/2 TL gemahlener Ingwer
1/4 TL Safran
70 g Butter
2 gehackte Zwiebeln
1 gehackte Knoblauchzehe
150 g geschälte Mandeln
150 g Rosinen
2 TL gemahlener Zimt
3 EL Honig

Diese Tagine wird traditionell zum Fest des Schafes, Aïd el Kebir, zubereitet.

◆ Das Fleisch in große Stücke schneiden. Die Gewürzmischung mit 1 TL Pfeffer, Ingwer und Safran vermischen, etwas Wasser zugeben. Das Fleisch mit der Hälfte dieser Paste einreiben.
In einer Tagine Butter zerlassen und das Fleisch hineingeben. Salzen, mit Zwiebeln und Knoblauch bestreuen. Mandeln hinzufügen und mit 3/4 l Wasser ablöschen. Zudecken und etwa eine Stunde kochen, bis sich das Fleisch leicht mit den Fingern zerteilen läßt. Wenn nötig, weiteres Wasser zugießen.
Die Rosinen waschen, abtrocknen und mit der restlichen Gewürzpaste vermischen. Zur Seite stellen.
Wenn das Fleisch gar ist, mit Zimt würzen, mit Honig begießen und mit Rosinen bestreuen. Weitere 10 Minuten köcheln.

Ras el Hanout ist eine Gewürzmischung, die unter anderem aus Kardamom, verschiedenen Muskatnußsorten, Piment, süßem Paprika, Kurkuma, diversen Ingwersorten und schwarzem Pfeffer besteht. Das Mischungsverhältnis bleibt dem individuellen Geschmack überlassen.

Merlan-Tagine

Tagine merna (Marokko)

für 4 Personen

3 EL Öl
2 Zwiebeln
1 gehackte Knoblauchzehe
200 g Tomaten
1/2 Bund Petersilie
Safran
1 kg Merlan
1 Kartoffel
1 Paprika

◆ In einem Topf Öl erhitzen. Eine Zwiebel hakken und glasig dünsten, Knoblauch zugeben. Zwei Drittel der Tomaten häuten, kleinschneiden und hinzufügen. Gehackte Petersilie hinzugeben, mit einer Prise Safran, 1/4 TL Pfeffer und Salz würzen. Mit etwa 1/4 l Wasser ablöschen und alles etwa 15 Minuten köcheln.

Den Fisch ausnehmen und gründlich waschen. Die Hauptgräten entfernen, den Fisch jedoch nicht zerteilen. Eine Zwiebel, die restlichen Tomaten und die geschälte Kartoffel in Ringe, die Paprika in Streifen schneiden und alles zur Seite stellen.

Den Fisch in eine Tagine legen und mit der gekochten Tomatensauce übergießen. Zwiebel, Tomaten, Kartoffel und Paprikastreifen darübergeben. Zudecken und im auf 160° vorgeheizten Backofen etwa 30 Minuten dämpfen. Heiß servieren.

Beilage: Zitronensaft

Variante:

Den Merlan durch frische Sardinen ersetzen.

Quitten-Tagine mit Honig

Tagine g'dra dial sfergel maa laasel (Marokko)

2 Stunden Vorbereitungs- und Kochzeit
für 6 Personen

1 kg Fleisch (Hammel, Rind, Huhn)
150 g Butter
Safran
1/2 Zimtstange
2 Zwiebeln
1 kg Quitten
1 EL gemahlener Zimt
1 EL Puderzucker
4 EL Honig

◆ Das Fleisch waschen, trockentupfen und in große Stücke schneiden. In einer Tagine Butter zerlassen und das Fleisch kurz darin anbraten. Mit 1 TL Pfeffer und einer Prise Safran bestreuen, salzen. Die Zimtstange und geriebene Zwiebeln hinzufügen. Mit 3/4 l Wasser ablöschen und zudecken. Etwa eine Stunde garen, bis sich das Fleisch leicht mit den Fingern zerteilen läßt. Wenn nötig, weiteres Wasser zugießen.
Die Quitten gründlich waschen, vierteln und entkernen. Wenn das Fleisch gar ist, Zimt und Puderzucker zugeben. Alles gut umrühren und weitere 10 Minuten köcheln.
Quitten hinzufügen, mit Honig übergießen. Bei schwacher Hitze 25 Minuten köcheln, dabei den Kochvorgang ständig überwachen. Da die Quitten unterschiedlich schnell gar werden, gegarte Früchte laufend herausnehmen. Zum Schluß die Sauce köcheln, bis sie sämig ist.
Zum Servieren das Fleisch auf die eine und die Quitten auf die andere Seite der Tagine geben. Nochmals aufkochen und heiß servieren.

Variante:
Die Quitten durch Birnen, Äpfel, Datteln oder Rosinen ersetzen.

Pflaumen-Tagine

Tagine dial lbrqoq (Marokko)

4 Stunden Vorbereitungs- und Kochzeit
für 6 Personen

700 g Trockenpflaumen
1 kg Fleisch (Hammel, Rind, Huhn)
70 g Butter
1/4 TL gemahlener Ingwer
Safran
2 gehackte Zwiebeln
1 gehackte Knoblauchzehe
1/2 Zimtstange
4 EL Honig
1/2 TL gemahlener Zimt
1 EL Sesamkörner
150 g Mandeln
Öl

◆ Die Pflaumen zwei Stunden in Wasser einlegen.
Das Fleisch in große Stücke schneiden. In einer Tagine Butter zerlassen und das Fleisch kurz darin anbraten. Mit Ingwer, einer Prise Safran und Salz würzen. Zwiebeln und Knoblauch hinzufügen. Mit 3/4 l Wasser ablöschen, die Zimtstange zugeben. Zudecken und etwa eine Stunde köcheln, bis sich das Fleisch leicht mit den Fingern zerteilen läßt. Wenn nötig, weiteres Wasser zugießen.
Das Fleisch aus der Tagine nehmen und zur Seite legen. Die Pflaumen aus dem Wasser nehmen und in die Tagine geben. 15 Minuten köcheln, dann Honig und Zimt zugeben. Köcheln, bis die Sauce sämig ist, dabei mehrmals umrühren.
In einer fettfreien Pfanne die Sesamkörner unter ständigem Rühren bräunen. Die Mandeln in etwas Öl goldbraun rösten.
Zum Servieren das Fleisch in die Tagine geben und nochmals kurz erhitzen. Mit Sesamkörnern und Mandeln bestreuen, heiß servieren.
Beilage: Reis oder Couscous (Seite 101)

Dattel-Tagine

Tagine dial tmer (Marokko)

2 Stunden Vorbereitungs- und Kochzeit
für 6 Personen

1 kg Fleisch (Hammel, Rind)
150 g Butter
Safran
2 Zwiebeln
½ Zimtstange
2 EL Honig
1 TL gemahlener Zimt
50 g frische Datteln
1 EL Sesamkörner
150 g geschälte Mandeln
Öl

◆ Das Fleisch in große Stücke schneiden. In einer Tagine Butter zerlassen und das Fleisch kurz darin anbraten. Mit 1 TL Pfeffer, einer Prise Safran und Salz würzen, geriebene Zwiebeln zugeben. Mit ¾ l Wasser ablöschen, die Zimtstange hinzufügen. Zudecken und etwa eine Stunde köcheln, bis sich das Fleisch leicht mit den Fingern zerteilen läßt. Wenn nötig, weiteres Wasser zugießen.
Honig und Zimt zugeben, alles 5 Minuten köcheln. Das Fleisch in der Sauce wenden, herausnehmen und zur Seite legen. Datteln waschen, gut abtropfen lassen und in die Tagine geben. Gut mit der Sauce vermischen und alles erneut etwa 10 Minuten köcheln. Wenn nötig, weiteres Wasser zugießen.
Die Datteln an den Rand der Tagine schieben und das Fleisch in die Mitte legen. Nochmals kurz aufkochen und abschmecken – die Datteln sollten nicht zu lange gegart werden.
In einer fettfreien Pfanne die Sesamkörner unter ständigem Rühren bräunen. Die Mandeln in etwas Öl goldbraun rösten. Das Fleisch vor dem Servieren damit bestreuen.

Eier
Beid

Rühreier und Omeletts werden in der arabischen Küche mit viel Gemüse, Gewürzen und Kräutern gegessen. Die einfachsten Rezepte sind die, bei denen Zwiebeln und Petersilie zu den Eiern gegeben werden, oder – wie in der bäuerlichen Küche üblich – verschiedene Gemüse, die klein geschnitten und kurz angebraten wurden. Auch Hackfleisch und Käse sind schmackhafte Zutaten. Alle Rezepte sind unkompliziert zuzubereiten und bestens für eine schnelle Küche geeignet.

Aleppo-Eier
Beid halabi (Syrien)

für 4 Personen

8 Eier
gemahlener Kreuzkümmel

nach Geschmack:
1-2 Zwiebeln
2 grüne Paprika
1 Zucchino
2 Tomaten
Öl oder Butterschmalz (Seite 33)

Diese Eier werden im Suq von Aleppo in großen Pfannen zubereitet, die kleine Höhlungen in der Größe einer Portion haben. Sie werden mit einer scharfen Sauce und Fladenbrot serviert.

◆ Die Eier mit einer Prise Kreuzkümmel, 1/2 TL Pfeffer und 1 TL Salz schlagen. Zur Seite stellen. Die Gemüse in kleine Würfel schneiden. In einer Pfanne Öl erhitzen und nacheinander – entsprechend der Garzeit – Zwiebeln, Paprika, Zucchini und Tomaten darin anbraten. Das Gemüse sollte nicht ganz weich sein, sondern noch etwas Biß haben.
Die Eimasse zugeben und unter Rühren stocken lassen, bis sie eine hellbraune Farbe annimmt. Zuletzt 1 Minute ohne umzurühren setzen lassen. Auf einen großen Teller gestürzt servieren.

Burghul-Eier mit Ta'leya
(Ägypten)

2-3 Stunden Vorbereitungs- und Kochzeit
für 4 Personen

2 Tassen Burghul (Seite 33)
4-6 EL Butterschmalz (Seite 33)
2 Zwiebeln
4 Eier
3 Knoblauchzehen
1 TL gemahlener Koriander
Chilipfeffer

◆ Den Burghul 5 Minuten einweichen. Gut abtropfen und 10 Minuten ruhenlassen.
In einer hohen Pfanne oder einem Topf 2 bis 4 EL Butterschmalz erhitzen und die Zwiebeln darin goldbraun braten. Burghul zugeben und 5 cm hoch mit Wasser bedecken. Eier mit Schale hineinlegen, Salz und Pfeffer hinzufügen und alles zugedeckt bei schwacher Hitze anderthalb bis zwei Stunden köcheln, bis der Burghul weich ist. Dabei öfter umrühren, wenn nötig etwas Wasser zugießen, damit es nicht ansetzt.
In einer zweiten Pfanne 2 EL Butterschmalz erhitzen, zerdrückten Knoblauch, Koriander, eine Prise Chilipfeffer und 1/2 TL Salz zugeben, 1 bis 2 Minuten schwenken. Vorsichtig unter die Burghul-Mischung rühren.
Die Eier eventuell unter kaltem Wasser kurz abspülen und mit der Mischung servieren. Das Eiweiß ist braun geworden, hat aber einen ausgezeichneten Geschmack angenommen.

Rühreier mit Auberginen
Mibatara
(ostarabische Länder)

für 4 Personen

1 Aubergine
1 feingehackte Zwiebel
5 EL Butterschmalz (Seite 33)
2 Knoblauchzehen
8 Eier

◆ Die Aubergine schälen und in kleine Stücke schneiden. Die Zwiebel in Butterschmalz goldbraun anbraten. Auberginenstücke und zerdrückten Knoblauch zugeben, 10 Minuten bei mittlerer Hitze braten.
Die Eier mit Salz und Pfeffer schlagen, über die Aubergine gießen. Unter ständigem Rühren braten.

Rühreier mit Hackfleisch
Schakschuka (Tunesien)

für 4 Personen

3 EL Butterschmalz (Seite 33)
2 große, feingehackte Zwiebeln
200 g Hackfleisch
1 Tasse Tomatenpüree (Seite 36)
1 TL milder Paprika
1/2 TL eingelegter Chilipfeffer (Seite 34)
2 grüne Paprika
8 Eier

◆ In einer Pfanne 2 EL Butterschmalz erhitzen und die Zwiebeln goldbraun braten. Hackfleisch zugeben und unter Wenden bräunen. Tomatenpüree, Paprika, Chilipfeffer und 1 TL Salz hinzufügen, 5 Minuten köcheln.
In einer zweiten Pfanne das restliche Butterschmalz erhitzen und die in Streifen geschnittenen Paprika darin anbraten. Zur Hackfleischmischung geben.
Die Eier schlagen, über die Mischung gießen und bei mittlerer Hitze unter Rühren braten, bis sie stocken.

Omelett mit Käse
'Aja bil jibna (ostarabische Länder)

für 4 Personen

8 Eier
125 g Schafskäse, möglichst bröselig
1/4 Tasse Milch
4 EL Butter

◆ Die Eier schlagen. Schafskäse, Milch, Pfeffer und Salz zugeben, gut verrühren.
In einer Pfanne Butter zerlassen und die Hälfte des Eierteigs bei schwacher Hitze goldbraun backen. Dabei einmal wenden. Mit dem restlichen Teig auf gleiche Weise verfahren.

Omelett mit Lauchzwiebeln
'Aja bil basal (Ägypten)

für 4 Personen

8 Eier
3 kleine Lauchzwiebeln
1 großes Bund Petersilie
1/2 Bund frische Minze
4 EL Butter

◆ Die Eier schlagen. Lauchzwiebeln hacken, einen Teil des grünen Stengels mitverwenden. Mit gehackter Petersilie, gehackter Minze, Salz und Pfeffer verrühren.
In einer Pfanne Butter zerlassen und die Hälfte des Eierteigs bei schwacher Hitze goldbraun backen. Dabei einmal wenden. Mit dem restlichen Teig auf gleiche Weise verfahren.

Omelett mit Spinat
'Aja bil zhabanegh (ostarabische Länder)

für 4 Personen

250 g Spinat
1 kleine, gehackte Zwiebel
8 Eier
3 EL Milch
4 EL Butter

◆ Den Spinat waschen, grob hacken und mit der Zwiebel kurz anbraten. Abkühlen lassen.
Die Eier mit Milch, Salz und Pfeffer schlagen, in einer Schüssel mit dem Spinat vermischen.
In einer Pfanne Butter zerlassen und die Hälfte des Eierteigs bei schwacher Hitze goldbraun backen. Dabei einmal wenden. Mit dem restlichen Teig auf gleiche Weise verfahren.

Süßspeisen
Halauiyat

Arabische Süßspeisen sind köstlich und zumeist sehr süß. Sie sind reich an Pistazien, Mandeln und Walnüssen, an Butter und Zuckersirup, der mit Zitronensaft, Orangenblüten- oder Rosenwasser aromatisiert wird. Am beliebtesten sind die süßen Backwaren wie Baklawa, Kunafa oder Basbousa, die aus verschiedenen Teigarten zubereitet werden, außerdem die aromatischen Puddings, die man eiskalt zu sich nimmt.

Anders als wir es gewohnt sind, werden die Süßspeisen in der Regel nicht als Nachtisch gegessen. Nach den sättigenden Mahlzeiten ziehen die Araber frische Früchte vor, beispielsweise Orangen, Melonen, Granatäpfel oder Mangos. Danach trinken sie eine Tasse süßen Tee, der für Magen und Verdauung besser ist als die schweren Süßspeisen.

Nachmittags zur Teezeit reicht man auch gerne kleines Gebäck wie Awami oder Ka'ak. Mit Baklawa, Kunafa oder Basbousa werden Gäste und Freunde verwöhnt. Die süßen Delikatessen werden bei besonderen Gelegenheiten zubereitet und bei Familienfesten oder an religiösen Feiertagen in großer Fülle angeboten.

Aprikosenpudding
Kamaridin
(ostarabische Länder)

1 Dose Aprikosen (500 g)
5 EL Mais- oder Reismehl
1/2 Tasse Zucker

◆ Aprikosen mit Saft im Mixer pürieren. Maismehl in 1/2 Tasse Wasser auflösen, bis keine Klümpchen mehr vorhanden sind. Mit Aprikosenpüree und Zucker vermischen.
Die Mischung in einem Topf bei mittlerer Hitze unter ständigem Rühren etwa 5 Minuten kochen, bis sie dick wird.
In Schälchen oder Gläser füllen und kalt servieren.

Reispudding
Ruz bil haleeb
(ostarabische Länder, Ägypten, Irak)

für 4 Personen

1 Tasse Milchreis
4 Tassen Milch
1 Blatt Gelatine
Zucker
nach Geschmack:
2 TL Orangenblüten- oder Rosenwasser
gemahlener Zimt

◆ Den Reis mit 1 1/2 Tassen Wasser bei schwacher Hitze aufkochen. Wenn er eindickt, Milch zugießen und bei schwacher Hitze unter ständigem Rühren erneut aufkochen.
Die Gelatine auflösen. 3/4 Tasse Zucker und Gelatine zugeben und warten, bis die Mischung eindickt und der Reis weich ist. Nach Geschmack Orangenblütenwasser unterrühren, weitere 5 Minuten köcheln.
In kleine Schüsseln füllen und mit einem Zucker-Zimt-Gemisch bestreut servieren.

Rosenpudding
Mahalabia (Ägypten)

1/2 Tasse Maisstärke
1/2 Tasse Rosenwasser
1 l Milch
1 Tasse Zucker
1/2 TL Kardamompulver
1/4 Tasse Pistazien

◆ Die Stärke in Rosenwasser auflösen. Milch aufkochen, Stärkelösung und Zucker zugeben und bei schwacher Hitze unter Rühren aufkochen. Weitere 5 Minuten bei mittlerer Hitze kochen, zuletzt Kardamom hineinrühren.
Den Pudding in kleine Schüsseln gießen, abkühlen lassen und mit gehackten Pistazien garnieren. Eiskalt servieren.

Das Rosenwasser kann je nach Geschmack verdünnt werden.

Creme Caramel
(Ägypten)

für 6 Personen

2½ Tassen Zucker
6 Eier
2 TL Vanillezucker
5 Tassen Milch

◆ In einer Pfanne 2 Tassen Zucker bei schwacher Hitze karamelisieren. In eine Backform gießen, so daß Boden und Seiten bedeckt sind.
Die Eier schlagen und mit restlichem Zucker, Vanillezucker und einer Prise Salz verühren. Langsam die Milch zugießen. Die Masse in die Form füllen.
Die Form in ein Wasserbad stellen – das Wasser darf bis 1 cm unter den Rand reichen – und in den Ofen schieben. 45 Minuten backen.
Abkühlen lassen und in den Kühlschrank stellen. Eiskalt servieren.

Variante:
Statt der Backform kleine Portionsformen verwenden. Die Backzeit verringert sich dann auf 35 bis 40 Minuten.

Om' Ali
(Ägypten)

für 4 Personen

400 g türkisches Fladenbrot oder 4 Sesambrötchen
1 l Milch
½ Tasse Zucker
gemahlener Zimt
1 Tasse Rosinen
½-1 Tasse Mandeln oder Nüsse
½-1 Tasse Kokosraspel
Butter

◆ Das Brot im Ofen kurz knusprig aufbacken. Milch erhitzen, den Zucker und eine Prise Zimt unter Rühren darin auflösen. Rosinen, Mandeln und Kokosraspel vermischen.
Eine feuerfeste Steingutform oder kleine Portionsförmchen ausbuttern, die Hälfte des Brotes in kleine Stücke zerbrechen und hineingeben. Den größten Teil der Rosinenmischung und die Hälfte der Milch darübergeben. Übrige Brotstücke, den Rest der Rosinenmischung und die restliche Milch darüber verteilen – die Milch sollte alles fast bedecken.
250 g Butter schmelzen und darübergießen. Im auf 200° vorgeheizten Ofen backen, bis die Oberfläche eine goldbraune Farbe annimmt.

Dieses Gericht wird häufig während des Ramadan oder anläßlich von Geburts- und Tauffeiern zubereitet. Schon kleine Mengen von zwei bis drei Teelöffeln enthalten viele Vitamine, aber auch viele Kalorien.

◆ In einer fettfreien Pfanne das Mehl goldbraun rösten, anschließend die Sesamkörner unter ständigem Rühren bräunen. Beides zur Seite stellen. Öl erhitzen und die Mandeln darin bräunen. Herausnehmen, gut abtropfen lassen und fein mahlen.
In einer großen Pfanne Butter zerlassen und das Öl zugießen. Nach und nach das Mehl hineinstreuen und unter ständigem Rühren weiter bräunen. Hat das Mehl eine bräunliche Farbe, Sesamkörner hinzufügen, weiterrühren. Gemahlene Mandeln hinzufügen, die Pfanne vom Herd nehmen. Puderzucker mit Anis und Zimt vermischen, dem Mehl zugeben. Alles gut vermischen. Anschließend den Honig unter das noch warme Mehl ziehen, nochmals alles gut umrühren.
Zum Servieren auf einer Platte kegelförmig anrichten und zwei bis drei Stunden kalt stellen.

Variante:
Das Gericht kann nach eigenem Geschmack mit Mandeln, bunten Perlen, Puderzucker und ähnlichem dekoriert werden.

Mehlbrösel
Slillou (Marokko)

2-3 Stunden kalt stellen

500 g Weizenmehl
250 g Sesamkörner
1/8 l Erdnußöl
125 g geschälte Mandeln
50 g Butter
150 g Puderzucker
2 TL Anis
1 EL gemahlener Zimt
150 g Honig

Baklawa
(ostarabische Länder, Äypten)

2-3 Stunden Vorbereitungs- und Kochzeit

500 g tiefgefrorener Blätterteig
2-3 Tassen feingehackte Walnüsse oder Pistazien
1/2 Tasse Zucker
nach Geschmack: Muskat, gemahlener Zimt
500 g Butter
etwa 2 Tassen Zuckersirup (Seite 36)

◆ Den Blätterteig auftauen und in zwei Hälften teilen, eine Hälfte mit einem feuchten Tuch bedecken. Nüsse und Zucker vermischen, eventuell eine Prise Muskat und etwas Zimt zugeben.
Den Boden einer rechteckigen Backform (etwa 20 mal 30 cm) mit zerlassener Butter einfetten. Die Hälfte des Blätterteigs hineinlegen und mit Butter bestreichen. Die Zucker-Nuß-Mischung daraufgeben. Den restlichen Blätterteig darüberschichten und wieder mit Butter bestreichen.
Den Teig kreuz und quer in etwa 3 cm große Rauten schneiden. Die Form in den auf 180° vorgeheizten Ofen stellen, die Temperatur auf 150° verringern. Anderthalb bis zwei Stunden goldbraun backen.
Herausnehmen und nach 10 Minuten mit dem abgekühlten Zuckersirup begießen. Einziehen lassen.

Variante:
Den Baklawa-Teig selbst herstellen: 500 g Mehl, 1 TL Zucker, 1/2 TL Salz, 2 EL Öl und etwa 1 1/2 Tassen lauwarmes Wasser vermischen und durchkneten, bis ein weicher und elastischer Teig entsteht. Eine Stunde zugedeckt an einem warmen Ort ruhenlassen. In eigroße Portionen aufteilen und in Mehl wälzen. Zudecken und über Nacht in den Kühlschrank stellen. Am nächsten Tag auf einer bemehlten Platte jede Portion handtuchdünn ausrollen. In Stücke schneiden, die die Größe der Backform haben.

Basbousa
(ostarabische Länder, Äypten)

250 g Butter
2 Tassen Grieß
1/2 TL Backpulver
250 g Joghurt
1 Tasse Zucker
1 Päckchen Vanillezucker
1/2 Tasse Kokos- oder Mandelraspel
1 Tasse Zuckersirup (Seite 36)
ganze Mandeln

◆ In einer Schüssel zerlassene Butter mit Grieß und Backpulver vermischen, 15 Minuten ruhenlassen.
Währenddessen Joghurt mit Zucker, Vanillezukker und Kokosraspeln mischen. Beide Mischungen vermengen, in eine flache, runde Kuchenform von etwa 5 cm Durchmesser füllen und andrücken. Mit einem Messer längs und quer in Rautenform einschneiden. Im auf 180° vorgeheizten Ofen goldbraun backen.
Herausnehmen und mit dem abgekühltem Zuckersirup begießen. In jede Raute eine Mandel drükken. Warm oder kalt servieren.

Gefüllte Datteln
Tamr bil fustuk (Irak, arabische Halbinsel)

100 g Pistazien
50 g Butter
1 EL Puderzucker
etwas Rosenwasser
frische oder getrocknete Datteln

◆ Alle Zutaten miteinander vermischen und durchkneten. Die Datteln der Länge nach einschneiden, entkernen und mit der Mischung füllen.

Kunafa
(ostarabische Länder, Äypten)

500 g Teigfäden
250 g Butter oder Schlagsahne
1/2 Tasse gehackte Mandeln, Pistazien, Wal- oder Haselnüsse
1/2 Tasse Rosinen
250-500 g Mozzarella, Ricotta oder dicker türkischer Joghurt
1 Tasse Zuckersirup (Seite 36)

◆ Die Teigfäden in einer großen Schüssel auseinanderzupfen. Mit zerlassener Butter übergießen, mit der Hand wenden und mischen, bis sich die Butter gleichmäßig verteilt hat.
Die Hälfte der Mischung in einer flachen, runden Backform von etwa 25 cm Durchmesser verteilen und fest andrücken. Mandeln und Rosinen darüber verteilen. Den Käse in dünne Scheiben schneiden und darauflegen bzw. den Joghurt mit einem Löffel verstreichen. Die restlichen Teigfäden darübergeben, erneut fest andrücken. Im auf 180° vorgeheizten Ofen etwa 30 Minuten backen, bis die Fäden sich goldbraun zu färben beginnen.
Sofort herausnehmen, damit sie nicht zu trocken werden. Gleichmäßig mit dem abgekühltem Zuckersirup beträufeln. Warm oder kalt servieren.
Beilage: Schlagsahne

Die Teigfäden sind unter der Bezeichnung Kunafa abgepackt in türkischen Läden erhältlich.

Awwami
(Libanon)

2 Stunden Vorbereitungs- und Kochzeit

1 Päckchen frische Hefe
1/2 TL Zucker
250 g Mehl
4 EL Stärkemehl
2 Tassen Zuckersirup (Seite 36)
Öl

◆ Die Hefe in 1 1/2 Tassen lauwarmem Wasser und Zucker anrühren, gehen lassen.
Mehl mit Stärkemehl und 1/4 TL Salz vermischen. Hefe und Wasser zugeben, gut durchkneten. Eine Stunde zugedeckt an einem warmen Ort gehen lassen.
In einem Topf Öl erhitzen. Mit einem Eßlöffel Teigstücke abstechen, hineinlegen und hellbraun ausbacken. Aus dem Öl nehmen, in den abgekühlten Zuckersirup tauchen und auf eine Platte legen.
Warm oder kalt servieren.

Mandel-Schlange
M'hanscha (Nordafrika)

400 g Puderzucker
4 EL Orangenblütenwasser
1 kg geschälte Mandeln
200 g Butter
4-5 Eigelb
1 EL gemahlener Zimt
30 Bstella- (Seite 70) oder
Brik-Blätter
zum Garnieren:
gemahlener Zimt, Zucker

Dieses Gericht wird anläßlich großer Familienfeiern wie Hochzeiten, Beschneidungen oder Taufen gereicht.

◆ Den Puderzucker mit Orangenblütenwasser vermischen und über die Mandeln geben. Alles mahlen, bis eine Paste entsteht. In einem Topf Butter zerlassen und die Mandelpaste hineingeben. Bei schwacher Hitze unter ständigem Rühren etwa 15 Minuten erwärmen, bis der Zucker zerläuft. Vom Herd nehmen und vollkommen erkalten lassen. Dann zwei bis drei Eigelb und Zimt unterrühren.
Aus der Mandelmasse lange Würste mit einem Durchmesser von 2 cm formen. Die Bstella-Blätter in Rechtecke von 20 mal 30 cm Größe schneiden. Zwei Bstella-Blätter an der schmalen Seite mit etwas Eigelb aneinanderkleben. Der Länge nach mit der Mandelmasse füllen und zusammenrollen, die Enden mit Eigelb verkleben. Mit den restlichen Blättern auf gleiche Weise verfahren. Anschließend ein gefülltes Blatt schneckenartig zusammenrollen und auf ein Backblech legen, die übrigen anschließen, so daß sich eine Schlange ergibt. Die Enden jeweils mit Eigelb dicht aneinanderkleben, zum Schluß alles mit Eigelb bestreichen.
Im auf 180° vorgeheizten Ofen etwa 30 Minuten backen. Zum Servieren auf einer Platte anrichten und mit einem Zucker-Zimt-Gemisch bestreuen.

Dattelkuchen
Keket balah (Ägypten)

250 g frische oder 200 g getrocknete Datteln
120 g gehackte Mandeln oder Walnüsse
½ TL gemahlener Zimt
2 EL Zitronensaft
250 g Mehl
1 TL Backpulver
3 EL Zucker
1 Päckchen Vanillezucker
¼ TL Muskat
125 g Butter

◆ Datteln entkernen und in Stücke schneiden. Den Boden eines Topfes mit Wasser bedecken, erhitzen. Die Datteln hineingeben und kurz weich kochen.
Mandeln mit Zimt und Zitronensaft zugeben, aufkochen. Vom Herd nehmen.
Im Mixer aus Mehl, Backpulver, Zucker, Vanillezucker, Muskat, einer Prise Salz und Butter einen Teig herstellen. Die Hälfte in eine ausgebutterte runde Kuchenform schichten, die Dattelmasse darüber verteilen. Den restlichen Teig in Krümeln daraufgeben. Im auf 200° vorgeheizten Ofen etwa 45 Minuten backen.

Dattel-Rauten
L'halua dial tmer (Nordafrika)

1 kg Datteln
Öl
2 EL Orangenblütenwasser
2 TL gemahlener Zimt
1 kg feiner Weizengrieß
4 EL Zucker
Honig

◆ Die Datteln entkernen und im Mixer pürieren. Mit 3 EL Öl, Orangenblütenwasser und Zimt zu einer gleichmäßigen Masse verrühren. Zur Seite stellen.
Weizengrieß mit 4 EL Öl vermischen. Zucker sowie eine Prise Salz zugeben und kneten, bis ein geschmeidiger Teig entsteht. Die Hälfte des Teigs ausrollen und mit der Dattelmasse bestreichen. Die andere Hälfte ausrollen und darauflegen. Gut zusammendrücken und Rauten ausschneiden.
Öl erhitzen und die Rauten darin goldbraun werden lassen. Honig erwärmen. Die Rauten aus dem Öl nehmen, gut abtropfen lassen und in den Honig tauchen. Herausnehmen, wieder gut abtropfen lassen und zum Erkalten auf ein Gitter legen.

Sesam-Rauten
Simsimia (Irak)

1½ Tassen Sesamkörner
1 Tasse Zucker
½ Tasse Honig
1 Zitrone (Saft)

◆ Sesam in Pfanne oder Ofen ohne Fett kurz anrösten. Zucker und Honig bei mittlerer Hitze unter Rühren in ½ Tasse Wasser auflösen. Zitronensaft zugeben und weiterrühren, bis die Flüssigkeit andickt. Sesam hinzufügen und alles weitere 2 Minuten unter Rühren köcheln.
Die heiße Mischung in eine gefettete Form gießen und abkühlen lassen. In Rauten oder Quadrate schneiden.

Gezuckerte Sesamplätzchen
L'halua dial senjlan maa seqar (Nordafrika)

5-7 Stunden Vorbereitungs- und Kochzeit
für 20-30 Stück

30 g frische oder Trockenhefe
1 kg Weizenmehl
250 g Zucker
2 TL Anissamen
5 EL Sesamkörner
1 Tasse Orangenblütenwasser

◆ Die Hefe in 1 Tasse lauwarmem Wasser anrühren und 10 Minuten gehen lassen.
Das gesiebte Mehl mit Zucker und ½ TL Salz vermischen. Die Hefe zugeben und mit einem Teil des Mehls verrühren. Anissamen und Sesamkörner zugeben. Nach und nach das Orangenblütenwasser und 2 Tassen lauwarmes Wasser zugießen, alles zu einem geschmeidigen Teig kneten. In eine Schüssel legen und an einem warmen Ort zwei bis drei Stunden gehen lassen.
Kleine Brote von 1 cm Dicke formen und auf ein Tuch legen. Zudecken und nochmals zwei bis drei Stunden gehen lassen.
Auf ein Blech legen und drei- bis viermal mit einer Gabel einstechen. Im auf 180° vorgeheizten Ofen etwa 25 Minuten backen.

Kokosnuß-Gebäck
L'halua dial koko
(Nordafrika)

200 g Kokosraspel
150 g Zucker
5 g Vanillezucker
3 Eier
Butter

◆ Kokosraspel fein mahlen, mit Zucker und Vanillezucker vermischen. Zwei Eier und ein Eigelb schaumig schlagen, den Kokosraspeln zugeben. Gut miteinander verrühren und 30 Minuten ruhenlassen.
Jeweils 1 EL Kokosmasse auf ein mit Butter eingefettetes Backblech geben und Kegel formen. Im auf 160° vorgeheizten Ofen etwa 10 Minuten backen, ohne daß die Plätzchen Farbe annehmen.

Mandelplätzchen
Lghriba dial loz
(Nordafrika)

150 g Puderzucker
2 EL Orangenblütenwasser
500 g geschälte Mandeln
125 g weiche Butter
2 Eigelb
2 TL gemahlener Zimt
500 g Weizenmehl
Öl

◆ Puderzucker mit Orangenblütenwasser vermischen und die Mandeln darin wenden. Im Mixer fein mahlen. Butter und ein Eigelb unter die Mandelmasse ziehen, mit Zimt würzen. 20 cm lange Würste von 1,5 cm Dicke formen und zur Seite legen.
Das Mehl mit einer Prise Salz vermischen. Nach und nach 1/2 l Wasser zugießen und kneten. Den Teig zu Kugeln formen und auf einer bemehlten Fläche so dünn wie möglich ausrollen. Die Mandelwürste einmal mit dem Teig umwickeln, mit etwas Eigelb festkleben. In Scheiben schneiden und auf ein mit Öl eingefettetes Blech legen. Im auf 180° vorgeheizten Ofen etwa 15 Minuten backen.

Mandel-Rosinen-Plätzchen
Lghriba dial loz oe zbib
(Nordafrika)

am Vortag beginnen

3 Eier
250 g Zucker
10 g Vanillezucker
125 g Butter
250 g geschälte Mandeln
250 g Rosinen
2 Päckchen Backpulver
750 g Weizenmehl
Öl

◆ Die Eier schaumig schlagen. Nach und nach Zucker und Vanillezucker zugeben, weiter schlagen. Geschmolzene Butter unterrühren.
Die Mandeln im Mixer fein mahlen und den Eiern zugeben. Rosinen gründlich waschen, gut abtrocknen und ebenfalls zufügen. Nach und nach das gesiebte, mit Backpulver vermengte Mehl hinzufügen und gut umrühren. Kneten, bis eine trockene, zähe Masse entsteht. Wenn nötig, etwas Wasser zugießen. Würste von 3 cm Dicke formen. Auf ein mit Öl eingefettetes Blech legen und im auf 180° vorgeheizten Ofen etwa 10 Minuten backen – die Plätzchen sollten nicht braun werden. Herausnehmen, erkalten und über Nacht stehen lassen.
Am nächsten Tag die Plätzchen in 5 mm dicke Scheiben schneiden und auf ein fettfreies Blech legen. Im auf 180° vorgeheizten Ofen von beiden Seiten etwa 5 Minuten backen.

Orangengebäck
L'halua dial letschin
(Nordafrika)

für 70 Stück

75 g Butter
135 g Zucker
1 ungespritzte Orange
125 g geschälte Mandeln
3 Eiweiß

70 Papierförmchen

◆ Die Butter schaumig rühren. Zucker zugeben und weiterrühren. Die Orange dünn schälen, die Schale fein hacken und der Butter zugeben. Gemahlene Mandeln und ein Eiweiß untermischen. Zwei Eiweiß steif schlagen und unter die Masse ziehen.
Die Papierförmchen mit der Mischung füllen und im auf 140° vorgeheizten Ofen etwa 20 Minuten backen.

Eierkrapfen
Sfenj (Nordafrika)

am Vortag beginnen
für 25-30 Stück

30 g frische oder Trockenhefe
1 kg Weizenmehl
4 Eier
ungespritzte Zitronenschale
1/2 l lauwarme Milch
Öl
Zucker
1 Päckchen Vanillezucker

◆ Die Hefe in 1 Tasse lauwarmem Wasser anrühren und gehen lassen. Mehl mit 1 TL Salz in eine Schüssel sieben. Die Eier gut schlagen und mit geriebener Zitronenschale sowie Milch zugeben. Alles gut vermischen und fest kneten, bis ein weicher und elastischer Teig entsteht. Die Schüssel zudecken und an einem geschützten Ort über Nacht gehen lassen, bis der Teig etwa das doppelte Volumen erreicht hat.
Am nächsten Tag die Hände mit Öl einfetten und den Teig in eigroße Kugeln zerteilen. In die Mitte jeder Kugel ein Loch bohren und ausdehnen, so daß kleine Ringe entstehen.
In einem Topf ausreichend Öl erhitzen und die Krapfen darin schwimmend goldbraun backen. Zucker und Vanillezucker mischen. Die Krapfen darin wenden und heiß servieren.

Krapfen mit Marmelade
Sfenj maa confiture (Nordafrika)

2 Stunden Vorbereitungs- und Kochzeit
für 16-20 Stück

20 g frische oder Trockenhefe
500 g Weizenmehl
körniger Zucker
3 Eier
100 g Butter
Marmelade
Öl

◆ Die Hefe in 1 Tasse lauwarmem Wasser anrühren und etwas gehen lassen.
Mehl mit einer Prise Salz in eine große Schüssel sieben und mit der Hefe vermischen. 50 g körnigen Zucker, geschlagene Eier und Butter zugeben. Alles gut vermischen und fest kneten, bis ein geschmeidiger Teig entsteht. Abgedeckt an einem geschützten Ort etwa anderthalb Stunden gehen lassen, bis der Teig das doppelte Volumen erreicht hat.
Den Teig 1 cm dick ausrollen. Mit einem Glas Kreise von 5 cm Durchmesser ausstechen. Die eine Hälfte der Kreise mit etwas Marmelade füllen. Den Rand mit wenig Wasser befeuchten, die zweite Hälfte über die erste klappen und mit den Fingern fest andrücken. Auf einen bemehlten Teller legen und nochmals 30 Minuten gehen lassen.
In einem Topf genügend Öl erhitzen. Jeweils fünf Krapfen hineingeben und goldbraun backen. Herausnehmen, mit körnigem Zucker bestreuen und heiß servieren.

Hefeteigringe
Ka'ak joujou (Tunesien)

2 Stunden Vorbereitungs- und Kochzeit

1 Päckchen frische Hefe
2 EL Milch
100 g Zucker
500 g Mehl
1 Päckchen Vanillezucker
4 Eier
Öl zum Ausbacken
1/2 l Zuckersirup (Seite 36)
100 g Mandelsplitter

◆ Die Hefe in warmer Milch und etwas Zucker anrühren, 10 Minuten gehen lassen.
Mehl, restlichen Zucker, Vanillezucker und eine Prise Salz vermischen. Hefe und Eier zugeben, alles gut durchkneten. Eine Stunde abgedeckt an einem warmen Ort gehen lassen.
Den Teig etwa 1 bis 2 cm dick ausrollen und Ringe ausstechen – zum Beispiel mit Hilfe unterschiedlich großer Gläser – oder Teigwürste ausrollen und Ringe formen. Zugedeckt weitere 20 Minuten gehen lassen.
Öl erhitzen und die Ringe darin ausbacken, dabei einmal wenden. In Zuckersirup wälzen und mit Mandelsplittern bestreuen.

Pfannkuchen Beghrir
Mlaoui beghrir (Nordafrika)

3 Stunden Vorbereitungs- und Kochzeit
für 4 Personen

5 g frische oder Trockenhefe
375 g feiner Hartweizengrieß
125 g Weizenmehl
1 Ei
1/4 l Milch
Öl
Butter

◆ Die Hefe in 1 Tasse lauwarmem Wasser anrühren und gehen lassen. Grieß, gesiebtes Mehl und etwas Salz in eine Schüssel geben. Das Ei schlagen und mit der Hefe verrühren. Der Grieß-Mehl-Mischung zugeben und alles kneten. Milch und 3/4 l Wasser erwärmen, nach und nach zugießen. Alles 10 bis 15 Minuten fest schlagen, so daß ein flüssiger Teig entsteht. An einem warmen Ort zwei Stunden gehen lassen.
Eine Pfanne schwach erhitzen und mit einem ölgetränkten Tuch ausreiben. Eine Schöpfkelle Teig in die Pfanne gießen und dünn verteilen – auf der Oberfläche dürfen kleine Luftlöcher entstehen. Die Pfannkuchen mit einem Holzspachtel aus der Pfanne lösen und nebeneinander auf eine große Platte legen, damit sie nicht zusammenkleben. Nach jedem zweiten Pfannkuchen die Pfanne erneut mit einem ölgetränkten Tuch ausreiben. Vor dem Servieren mit etwas Butter bestreichen und 5 Minuten im Backofen bei mittlerer Hitze aufwärmen.
Beilage: Honig oder Zucker

Walnuß-Pfannkuchen
Katayef (Libanon)

für 4-6 Personen

1 Päckchen frische Hefe
500 g feiner Grieß
1 Tasse Mehl
1/4 TL Backpulver
200 g Butterschmalz (Seite 33)
2 Tassen Zuckersirup (Seite 36)

für die Füllung:
6 Tassen Walnüsse
1/2 Tasse Zucker
2 EL Butter
1/2 TL Muskat
1/2 TL gemahlener Zimt

◆ Die Hefe in etwas warmem Wasser und einer Prise Zucker auflösen, 10 Minuten gehen lassen. Grieß, Mehl und eine Prise Salz mischen. 8 Tassen lauwarmes Wasser in einen Mixer gießen und anschalten. Die Grieß-Mehl-Mischung nach und nach zugeben, bis ein dünner Teig entsteht. Die Hefe hinzufügen und alles weitere 2 Minuten mixen. 45 Minuten gehen lassen, dabei gelegentlich umrühren.
Backpulver hinzufügen und rühren, bis sich Blasen bilden. Eine Schöpfkelle Teig in eine kleine Pfanne gießen und den Pfannkuchen von einer Seite backen. Auf ein Blech legen und abkühlen lassen.
Für die Füllung Walnüsse hacken und mit den übrigen Zutaten vermengen. Die Pfannkuchen mit der Mischung füllen und umklappen, so daß ein Halbkreis entsteht. Mit Butterschmalz bestreichen. Im auf 200° vorgeheizten Ofen weitere 10 Minuten backen.
Herausnehmen und mit Zuckersirup übergießen.

Getränke
Mashroubat

Es gehört zur arabischen Gastlichkeit, jedem Gast, der das Haus betritt, ein Getränk anzubieten. Bei heißem Wetter sind dies hausgemachte kalte Getränke, Fruchtsäfte, Sharab oder Limonaden; ist es kalt, wird heißer Tee angeboten, schwarzer, Blüten- oder Kräutertee. In Ägypten serviert man eine Reihe warmer, dickflüssiger Milchgetränke, Sahlab, die in ihrer Konsistenz fast einem Müsli gleichen.

Kaffee, der ursprünglich aus dem Jemen stammt, wird den ganzen Tag über getrunken. Er wird in kleinen Kännchen, den Kanakas, mit Zucker aufgekocht und in winzigen Tassen ohne Henkel serviert. Fast noch häufiger als Kaffee wird nach den Mahlzeiten süßer schwarzer Tee getrunken, der sehr stark aufgebrüht oder aufgekocht wird. Dazu schmecken Orangen oder andere frische Früchte. In den nordafrikanischen Ländern wird auch grüner Tee getrunken, mit Wasser aufgekocht und stark gesüßt. Der besonders erfrischende Tee mit frischer Minze ist hier weiter verbreitet als in den ostarabischen Ländern.

Auf den Märkten und in den Geschäftsstraßen trifft man kleine Jungen mit Tabletts voller Teegläser und Kaffeetassen auf ihrem Weg zu Ladenbesitzern und Kunden. In kleinen, oft dekorativ gekachelten Tee- und Kaffeeküchen werden die Getränke ständig frisch zubereitet.

Tee
Shai

Tee wird zu allen Tageszeiten und Gelegenheiten getrunken: vor und nach den Mahlzeiten, beim Besuch von Freunden oder Nachbarn, bei Feiern und Festlichkeiten. Während die Vorbereitung oft von Frauen vorgenommen wird, übernehmen die Männer die Zubereitung.
Der Bedeutung entsprechend, die der Tee für die Bevölkerung hat, trifft der Besucher auf eine ausgeprägte Teekultur. So werden die Zutaten auf besondere Weise gereicht: Auf einem Tablett aus Silber oder Kupfer stehen Kanne und Teegläser, eine Blechdose mit grünem Tee, eine zweite mit Würfelzucker und eine dritte mit Gewürzen, beispielsweise Minze. Das Tablett wird auf ein Gestell mit drei Füssen gesetzt, hinzu kommt eine Kanne mit kochendheißem Wasser.
Die Teekultur kennt viele Arten der Zubereitung: Grüner Tee etwa wird aufgebrüht und, nachdem er gezogen hat, gesüßt. Während des Trinkens wird erneut grüner Tee zugegeben und aufgebrüht, dann aber frische Minze hinzugefügt, die vor dem Trinken wieder herausgenommen wird.
Die Araber verwenden vor allem grünen Tee, der wie die meisten Sorten aus Südostasien stammt. Seine besondere Qualität – anregend und gesundheitsfördernd – erhält er durch die besondere Art seiner Herstellung. Im Geschmack etwas herber als der schwarze, wird grüner Tee in der Regel mit frischer Minze gewürzt. Vor allem im Winter, wenn frische Minze knapp ist, werden ihm aromatische Gewürze wie Majoran, Basilikum, Eisenkraut oder Orangenblüten zugesetzt.

Gewürztee mit Milch
Shai hindi
(arabische Halbinsel)

für 1 l Tee

1 l Milch
3 TL schwarzer Tee
1 zerdrückter
Kardamomsamen
1 Prise Safran
1/2 TL gemahlener Zimt
nach Geschmack: Zucker

◆ Milch oder eine Mischung aus Milch und Wasser mit den übrigen Zutaten in einem Topf aufkochen. Durch ein feines Sieb gießen, damit Teeblätter und Gewürze zurückbleiben.

Grüner Tee mit Minze
Atai (Nordafrika)

für 1 l Tee

3 TL grüner Tee
5 frische Minzezweige
4-6 EL Zucker

◆ 1 l Wasser zum Kochen bringen. Tee in eine Kanne geben, Minzezweige zufügen und mit Wasser übergießen. 5 bis 8 Minuten ziehen lassen.
Die Minzezweige herausnehmen, Zucker zugeben und umrühren. Zum Abschmecken etwas Tee in ein Glas gießen, eventuell nachzuckern.

Hibiskusblüten-Tee
Karkade (Ägypten)

2 TL Hibiskusblüten
nach Geschmack:
1 EL Zucker
1/2 Zitrone (Saft)

Karkade ist ein erfrischendes, süß-säuerliches Getränk mit einer wunderbaren weinroten Farbe. Es wird im Sommer eiskalt serviert, kann aber auch heiß getrunken werden. Der beste Hibiskusblüten-Tee, so heißt es jedenfalls in Ägypten, kommt aus dem Süden des Landes, aus Assuan oder dem Sudan. Wegen seiner dunkelroten Farbe werden Hibiskusblüten auch zum Färben von Rotwein verwendet.

◆ Hibiskusblüten in einem Topf mit 1 l Wasser aufkochen. Zucker und Zitronensaft hinzufügen, gut umrühren. Vom Herd nehmen und 5 Minuten ziehen lassen.
Durch ein Sieb gießen und heiß trinken. Oder abkühlen lassen, in den Kühlschrank stellen und als Erfrischungsgetränk eiskalt servieren.

Schwarzer Tee mit Minze

Shai bil na' na'

2 TL schwarzer Tee (unparfümiert)
frische Minzezweige
Zucker

Nach den Mahlzeiten wird schwarzer Tee häufiger getrunken als Kaffee – meist aus Gläsern, mehr oder weniger gesüßt und oft mit Minze verfeinert, wodurch er noch erfrischender schmeckt. Am weitesten verbreitet ist diese Form der Zubereitung in den nordafrikanischen Ländern.

◆ Tee entweder aufgießen und 3 Minuten ziehen lassen oder mit 1 l Wasser kochen. Abgießen.
Einen kleinen Minzezweig in jedes Glas geben, mit heißem Tee übergießen, einen Augenblick ziehen lassen.
Nach Belieben mit Zucker süßen.

Zimttee

Kirfa (Ägypten)

3 Zimtstangen
2 kleine Stückchen Ingwerwurzel
nach Geschmack: bis zu 5 TL Zucker
2 TL Mandeln, in Streifen geschnitten

Zimttee wird den Gästen gereicht, die nach der Geburt eines Kindes kommen, um die Familie zu beglückwünschen.

◆ Zimt und Ingwer 3 Minuten in 1 l Wasser kochen. Zucker und Mandeln hinzufügen, weitere 3 Minuten kochen. Abgießen und heiß servieren.

Arabischer Kaffee
'Ahwa

2 TL Zucker
4 TL arabischer Kaffee
nach Geschmack:
  Kardamom

Arabischen Kaffee zuzubereiten ist eine kleine Zeremonie, die gelernt sein will. Gelingt es einem jungen Mädchen nicht, den Kaffee richtig zu kochen und zu servieren, gilt sie, besonders in den Augen ihrer zukünftigen Schwiegermutter, als nicht heiratsfähig.

Der arabische Kaffee – auch als griechischer und türkischer Kaffee bekannt – wird aus feingemahlenem, schwarzgebranntem Pulver zubereitet, das als dicker Satz auf den Boden der Tasse sinkt. Der Kaffee wird schon gesüßt gekocht, so daß man nicht umrühren braucht. Wieviel Zucker hinzugefügt wird, ist vom Geschmack abhängig. Im Kaffeehaus bestellt man folgende Varianten: sada – schwarz (ohne Zucker), al rih – »mit einem Hauch« (leicht gesüßt), mazbut – »gerade richtig« (mittelsüß) und ziyada – »extra« (sehr süß). Er kann mit Kardamom gewürzt werden, was ihm ein ganz besonderes Aroma verleiht und seine Bekömmlichkeit erhöht. Kardamom ist eher im ostarabischen Raum, weniger in Ägypten und Nordafrika beliebt.

Gekocht wird der Kaffee in der Kanaka, einem Kännchen aus Kupfer oder Aluminium mit Holzstiel. Traditionell wird er auf einem Spirituskocher erhitzt, kann aber genausogut auf einer Gas- oder Elektroplatte zubereitet werden. Die Größe des Kännchens hängt von der Anzahl der Tassen ab, die serviert werden sollen. Eine Kanaka faßt bis zu vier; es ist nicht empfehlenswert, eine größere Menge Kaffee auf diese Weise zu kochen.

Die Kanaka mit dem fertigen Kaffee wird auf einem Tablett serviert, mit Täßchen, Gläsern mit kaltem Wasser und einigen Süßigkeiten. Die Kunst besteht nun darin, den Kaffee so in die Täßchen zu gießen, daß auf jeder Tasse etwas Schaum schwimmt, das sogenannte »Gesicht«, das jeder gute arabische Kaffee haben soll.

Das folgende Rezept ist für Ahwa mazbut, für mittelsüßen Kaffee.

◆ Zucker und zwei Kaffeetäßchen Wasser in eine Kanaka für zwei Tassen füllen, zum Kochen bringen. Vom Herd nehmen, den Kaffee löffelweise unterrühren, eventuell Kardamom hinzufügen. Erneut zum Kochen bringen, dabei den Kaffee genau beobachten: In dem Augenblick, in dem er zu steigen beginnt, das Kännchen vom Herd nehmen und kräftig aufsetzen, damit sich der Kaffee wieder senkt. Dasselbe zweimal wiederholen, so daß am Ende der Kaffee dreimal aufgekocht ist. Auf der Oberfläche hat sich währenddessen Schaum gebildet.

Zitronenlimonade
Assir laimoun
(alle arabischen Länder)

für 2 Personen

frisch zubereitet
2 kleine ungespritzte Zitronen oder 2 Limonen
4-6 Eiswürfel
1-2 EL Zucker

◆ Zitronen waschen und vierteln, Kerne entfernen. Mit Schale im Mixer pürieren. 2 Glas Wasser und Eiswürfel zugeben, erneut pürieren. Zucker zugeben und gut mixen. Durch ein Sieb in Gläser füllen und frisch trinken.

konserviert
1 Tasse Zitronensaft
nach Geschmack: bis zu 1/2 Tasse Zucker

◆ Den Zitronensaft mit Zucker verrühren, bis er sich aufgelöst hat – die Vitamine bleiben erhalten. Oder die Mischung kurz aufkochen und bei schwacher Hitze köcheln, bis ein Sirup entsteht. Abkühlen lassen und in eine Flasche oder einen Krug füllen. Im Kühlschrank aufbewahren.
Zum Trinken nach Geschmack mit Wasser und Eiswürfeln auffüllen.

Variante:
Den Zitronensaft durch Orangensaft ersetzen oder beide kombinieren.

Joghurtgetränk
(ostarabische Länder)

1 Becher Joghurt
nach Geschmack: Zucker

◆ Den Joghurt mit der gleichen Menge kaltem Wasser verrühren. Mit etwas Zucker oder Salz abschmecken. Eventuell Eiswürfel zufügen.

Joghurt-Shake
(ostarabische Länder)

2 Becher Joghurt
1/4 l Milch
frische, saftige Früchte (Erdbeeren, Himbeeren, Bananen)
Zucker oder Honig

◆ Joghurt, Milch und Früchte im Mixer pürieren. Mit Zucker abschmecken und kalt in hohen Gläsern servieren.

Mandelmilch
Lhlib dial loz
(Nordafrika)

250 g geschälte Mandeln
350 g Puderzucker
3 l Milch
4 EL Orangenblütenwasser

◆ Die Mandeln mit der Hälfte des Puderzuckers vermischen und so fein wie möglich mahlen, bis eine glatte Paste entsteht. Mit 1 l Milch verrühren und zur Seite stellen.
Die restliche Milch mit der anderen Hälfte des Puderzuckers verrühren. Orangenblütenwasser zugeben und die gesiebte Mandelmilch zugießen. Kühl servieren.

Sahlab
(Ägypten)

3-4 EL Maisstärke
1 l Milch
nach Geschmack:
2-4 EL Zucker
gemahlener Zimt
nach Geschmack:
zerkleinerte Erdnüsse, Pistazien, Haselnüsse oder Kokosraspel

Sahlab ist ein Wintergetränk aus Milch und Stärke, das gehaltvoll und sehr wohlschmeckend ist. Die richtige Sahlab-Stärke erhält man in Europa nur in arabischen Läden, meist schon mit Zucker und den anderen Zutaten versehen. Das folgende Rezept kommt der echten Sahlab sehr nahe, wird aber mit Maisstärke zubereitet.

◆ Die Stärke in 1 Tasse kalter Milch anrühren. Die restliche Milch in einem Topf erhitzen, Stärkemischung und Zucker zugeben. Unter ständigem Umrühren zum Kochen bringen und leicht andicken.
In Gläser füllen und Erdnüsse darübergeben.

Rezeptregister

sauce p85

scharfe Knoblisauce = p85

Stichwortregister

Die *kursiven* Seitenangaben verweisen auf Texte, die den Begriff erläutern, die übrigen auf Rezepte, in denen diese Zutat eine wichtige Rolle spielt.

JALILAH´S RAKS SHARKI 3

JOURNEY OF THE GIPSY DANCER

(CD-PIR1146)

Auf dieser musikalischen Reise ließ sich Jalilah von den "Ghawazee" inspirieren und stellt facettenreich die Wurzeln der orientalischen Tanzmusik dar. Dabei entstand in Kairo mit den renommierten Musikern der Gruppen 'Les Musiciens du Nil' und 'Sharkiat' ein Klassiker für die Freunde des orientalischen Tanzes!

Bei Piranha auch erhältlich sind Jalilah´s Raks Sharki 1-2 feat. MOKHTAR AL SAID und Jalilah´s Raks Sharki 4 The Rhythm Workshop.

MAHMOUD FADL

THE DRUMMERS OF THE NILE

(CD-PIR1147)

Folgen wir den Trommeln der Drummers of the Nile, deren Rhythmen vom südlichen Nubien bis zur Mohammed Ali Street in Kairo führen. Mahmoud Fadl von Salamat führt uns in die kulturelle Klangwelt entlang des magischen Nils. Dort bestimmt der Rhythmus das ganze Leben, vom bitteren Schmerz bis zu den wildesten Parties!

Weitere Produktionen von Mahmoud Fadl und Salamat: Mambo El Soudani, Salam Delta und Nubiana

Unseren Katalog erhalten Sie unter der Anschrift:
PIRANHA Musik Produktion & Verlag AG
Carmerstr. 11 · 10623 Berlin
fax: (+49-30) 318 614 10 · email: records@piranha.de · online: www.piranha.de

[pi'ra:nha]

إقرأ

In der Reihe Gerichte und ihre Geschichte erschienen in gleicher Ausstattung:

Moema Parente Augel
◆ Brasilianisch kochen
ISBN 3-89533-213-5 · DM 34,–

Márcia Zoladz
◆ Portugiesisch kochen
ISBN 3-89533-212-7 · DM 30,–

Jojo Cobbinah, Holger Ehling
◆ Westafrikanisch kochen
ISBN 3-89533-215-1 · DM 30,–

Die Reihe wird fortgesetzt. Bitte fordern Sie unseren aktuellen Katalog an:

Verlag Die Werkstatt
Lotzestraße 24a
D-37083 Göttingen